案例教学在国际经济
与贸易专业教学中的应用研究

张欣欣　张晓娅　梁滢　卢迪颖　张潭君　申秀清　著

中国商务出版社

·北京·

图书在版编目（CIP）数据

案例教学在国际经济与贸易专业教学中的应用研究 /
张欣欣等著 . -- 北京：中国商务出版社，2023.12
ISBN 978-7-5103-4989-8

Ⅰ.①案… Ⅱ.①张… Ⅲ.①国际经济—教学研究②
国际贸易—教学研究 Ⅳ.① F113 ② F74

中国国家版本馆 CIP 数据核字 (2023) 第 250066 号

案例教学在国际经济与贸易专业教学中的应用研究

ANLI JIAOXUE ZAI GUOJI JINGJI YU MAOYI ZHUANYE JIAOXUE ZHONG DE YINGYONG YANJIU

张欣欣　张晓娅　梁滢　卢迪颖　张潭君　申秀清　著

出　　版：	中国商务出版社	
地　　址：	北京市东城区安外东后巷 28 号	邮　编：100710
责任部门：	教育事业部（010-64255862　cctpswb@163.com）	
策划编辑：	刘文捷	
责任编辑：	谢　宇	
直销客服：	010-64255862	
总 发 行：	中国商务出版社发行部（010-64208388　64515150）	
网购零售：	中国商务出版社淘宝店（010-64286917）	
网　　址：	http://www.cctpress.com	
网　　店：	https://shop595663922.taobao.com	
邮　　箱：	cctp@cctpress.com	
排　　版：	德州华朔广告有限公司	
印　　刷：	北京建宏印刷有限公司	
开　　本：	787 毫米 × 1092 毫米　1/16	
印　　张：	10.5	字　数：188 千字
版　　次：	2023 年 12 月第 1 版	印　次：2023 年 12 月第 1 次印刷
书　　号：	ISBN 978-7-5103-4989-8	
定　　价：	58.00 元	

丛书编委会

主　　编　许海清
副 主 编　汤晓丹　张欣欣　韩庆龄
编 委 会（按姓氏笔画排序）
　　　　　于海波　卢迪颖　申秀清　包迎春　刘宇鑫　李长坤
　　　　　张晓娅　张潭君　郑艺　钟敏　黄海燕　曹刚
　　　　　梁滢　鑫颖

序

高等教育肩负着为党育人、为国育才的重大使命，新时代我国政府对高等教育发展提出了一系列新要求，复合型、应用型、创新型人才培养成为地方高校新时期人才培养总目标。面对社会经济的快速发展和新一轮科技革命，如何深化人才培养模式、改进教育教学方法、提升学生综合素质，培养德智体美劳全面发展的社会主义事业建设者和接班人是地方高校当今面对的主要问题。

新时代新形势下，本套丛书立足地方财经类高校人才培养目标，聚焦教育教学中存在的痛点问题，围绕智慧课堂创新、实践教学改革、课程思政建设等内容，结合教学实践开展探讨并总结案例，为提升地方财经类高校人才培养质量，实现"立德树人"根本任务提供智力支持。

本套丛书的编写力求体现以下特色。

一是时代性。在新一轮信息技术革命背景下，数字经济的发展对高校科学设定人才培养目标、构建新型课程体系、创新人才培养模式、改革教育评价方式等带来新要求。面对数字经济时代的大学生，高校教育教学理念、教学内容和方式、教学管理手段等都迫切需要作出相应调整。本丛书基于问题导向意识，坚持理论联系实际，着眼于教学实践展开相关研究。

二是思政性。课程思政教学是对高校培养什么人、怎样培养人、为谁培养人等一系列根本问题的解答，是高校实现立德树人根本任务的关键抓手。本丛书围绕课程思政建设，在思政资源共建、案例素材共享、方法模式共创等方面展开相关研究。

三是实践性。实践教学是高校培养学生掌握和运用专业知识、提升实践能力、满足社会需要的核心教学环节。本丛书依托作者在一线教学实践中的现实问题，将实践教学体现在学科体系、教学体系、管理体系等各方面，着力培养重实践、敢担当的高素质应用型人才，相关研究与探索成果具有普适性和参考性。

本丛书可作为高等院校财经类专业教师开展教学改革研究与实践使用。本丛书由内蒙古财经大学长期从事一线教学的教师编著，在编写过程中，编者和作者引用了许多国内外同行专家的研究成果，在此深表谢意，因遗漏未列出参考文献的敬请作者谅解。

本丛书在出版过程中得到了内蒙古财经大学的大力资助和中国商务出版社的鼎力支持，在此一并表示感谢。

人才培养始终与社会经济发展息息相关，由于科技发展和社会对人才需求的变化，以及作者的学识和视野有限，书中难免有疏漏和不足，敬请广大读者批评指正。

编委会

前言

在当今快速变化的全球经济环境中，国际经济与贸易专业的教学面临着前所未有的挑战与机遇。为了适应这一时代的变革，我们需要不断地更新教学理念，探索更为有效的教学方法。案例教学作为一种实践性强的教学模式，已经在许多学科中得到了广泛应用，但在国际经济与贸易专业教学中的运用尚需深入研究。

本书旨在探讨案例教学在国际经济与贸易专业教学中的应用及其效果。通过梳理案例教学的理论基础，分析其在国际经济与贸易专业教学中的适用性和优势，并结合具体的教学实践案例，深入剖析案例教学在该专业教学中的应用过程及其可能面临的问题和挑战。

本书首先介绍了案例教学的基本概念、发展历程及其理论基础，为读者提供一个全面的认知框架，重点分析案例教学在国际经济与贸易专业教学中的适用性，探讨其如何帮助学生更好地理解和掌握专业知识，提高实践能力和创新思维。同时，通过实际案例的解析，展示案例教学在该专业教学中的具体应用过程，包括案例的选择、设计、实施以及评估等方面。

其次，本书还关注了案例教学在国际经济与贸易专业教学中可能面临的问题和挑战，如案例资源的缺乏、教师实施案例教学的能力不足等，并提出相应的解决方案和建议。希望通过对这些问题的探讨和研究，为该专业的教学改革提供一些有益的参考和借鉴。

最后，期望本书能够为广大从事国际经济与贸易专业教学的教育工作者提供一些新的思路和方法，帮助他们更好地应对教学挑战，提升教学效果。同时，也希望本书能够引起更多人对案例教学在专业教学中应用的关注和思考，推动该领域的研究和实践不断深入。

作者

2023 年 11 月

目 录

第 1 章
国际经济与贸易专业教学特点

国际经济与贸易专业，简称国贸专业，是现代经济学领域中的一个重要分支，是应用经济学的二级学科。它涵盖了国际贸易的多个方面，从贸易的起因、政策的制定，到实际操作，再到跨国投资，以及与经济发展的互动关系，国贸专业为我们提供了一个全面而深入的视角来研究跨国商务活动。各个高校国贸专业的培养方案不仅要求学生掌握国际贸易的核心知识和技能，还要求对我国对外贸易发展现状和全球经济发展规律有着深入的了解和研究，培养成为熟悉全球通行的贸易惯例、规则以及我国对外贸易政策、法规，了解主要贸易国家或地区的经贸概况与法律法规，能够胜任在涉外经济贸易部门、跨国公司、外资企业及政府机构、科研院所从事国际经济与贸易业务、管理、调研、教学、科研等工作的高级专门人才。

1.1　专业课程设置

国贸专业的培养体系体现了其跨学科的特性，它以经济学原理和基本方法为基础，但同时又融合了管理学、法学等多个学科的知识。这种综合性的培养方式使得国贸专业的学生在毕业后能够更全面地理解和应对复杂的国际经济环境。

首先，国贸学生需要具备扎实的经济学基础。在课程设置上，让学生通过系统学习政治经济学、宏观经济学、微观经济学、国际经济学等课程，掌握经济现象背后的原理和规律。同时，对计量经济学和统计学的学习也帮助学生具备了数据处理和分析的能力，这对于国贸专业的研究和实践都是至关重要的。其次，在掌握了经济学基础之后，国贸专业学生需进一步学习国际贸易、国际贸易实务、国际金融等专业课程，深入了解国际贸易的运作机制和业务流程。此外，通过学习国际货物运输与保险、国际单证实务、国际结算、国际市场营销等课程，学生将能够更全面地了解国际贸易的各个环节和实际操作中可能遇到的问题，为未来的职业生涯做好充分的准备。再次，除了经济学和管理学的课程，国贸专业学生还需要学习一些法学类的课程，比如国际商法、国际贸易规则，以熟悉世界贸易组织的规则和不同国家的经贸法则。最后，国贸专业学生还要重视对语言类课程的学习。学生不仅要有深厚的中文功底，还需要有外语的应用能力。课程设置上包括中英文信函写作、商务英语、商务日语等课程。

1.2　培养目标

国际经济与贸易专业是一个深度与广度兼具的学科，它致力于培养一批全面而优秀的复合型人才，这些人才不仅具备家国情怀、人文素养、社会主义核心价值观，还具备专业科学素养、国际视野、创新创业能力以及工匠精神。

这一专业的学生将接受系统而全面的学习与训练，涵盖国际经济与贸易的基本理论、专业知识、专业技能以及应用能力。通过这种系统学习，学生不仅能够掌握国际经济与贸易的核心知识体系，还能够培养自己的实际操作能力，特别是在分析和解决涉外经济、国际贸易相关问题方面。

毕业后，这些拥有丰富知识和技能的学生将拥有广泛的就业选择。他们可以在跨国公司中担任经贸业务或决策管理的角色，也可以在涉外机构、相关政府部门工作，甚至可以选择在大学或科研机构从事咨询或科学研究工作。这些工作不仅要求他们具备扎实的专业基础，还需要他们具备敏锐的洞察力、良好的沟通能力和创新的思维方式。

1.3　就业方向

1.3.1　涉外经贸领域是主要就业方向

国际经济与贸易专业在当前全球经济一体化的大背景下，确实展现出了越来越重要的价值和地位。随着中国加入 WTO（世界贸易组织）以及多个自由贸易区的建设，国内外市场的融合程度不断加深，对于具备国际视野和专业技能的国贸人才的需求也日益旺盛。

国贸专业毕业生不仅掌握了坚实的经济学、管理学的理论基础，还熟悉国际经济合作理论与政策，了解国际贸易实务操作，并具备流利的外语沟通能力。这种综合素质使得他们在就业市场上具备强大的竞争力，能够轻松应对各种挑战和机遇。

据统计，国贸专业的毕业生规模较大，且全国就业率保持在较高水平。他们可以在多个领域找到适合自己的工作，包括但不限于对外贸易及相关领域的行政管理、教学和科研部门，外贸企业，合资企业，跨国公司等。同时，在国内外银行与非银行金融机构、驻外商务机构以及海外驻华商务机构等领域，国贸专业的毕业生也有着广泛的就业机会。

此外，随着电子商务和国际物流的快速发展，国贸专业的毕业生在这些新兴领域也有着广阔的就业空间。他们可以运用自己的专业知识和技能，为企业的在线交易、管理和策划提供有力支持，或者在国际物流领域从事商品从输入到输出整个物流过程的管理工作。

1.3.2 用人单位看重外语水平

随着全球化的推进，外贸企业在国际市场上的活动日益频繁，由于大多外贸企业要与海外客户沟通联络，因此国贸专业毕业生必须具备一定的外语水平。

大型企业在招聘时往往在意毕业生是否具备较高的英语水平认证，如大学英语六级等，这可以作为衡量应聘者英语能力的一个标准。而对于中小型企业来说，他们更注重实际的外语应用能力，特别是商务英语听说能力，因为在实际工作中，能够直接与外商进行贸易磋商并签订合同的能力往往更为关键。对于外贸业务员、跟单员等直接与国外客户打交道的岗位，对外语能力的要求则更为严格。

1.3.3 国贸竞争力强的城市机会多

国贸专业的毕业生在选择就业城市时，确实应该优先考虑那些国际贸易竞争力强的城市。这些城市不仅为毕业生提供了丰富的就业机会，还能帮助他们更好地锻炼专业技能、积累实践经验，为未来的职业发展打下坚实的基础。

在这些城市中，国贸专业的毕业生可以接触到更多的国际贸易实务，了解不同国家和地区的贸易政策、市场情况，积累宝贵的实践经验。同时，这些城市还拥有众多的外贸企业、跨国公司和金融机构，为国贸专业的毕业生提供了丰富的就业选择。

具体来说，国贸专业的毕业生可以在这些城市的对外贸易企业从事国际贸易业务、国际市场营销等工作，他们也可以在外资企业或跨国公司担任国际商务代表、国际贸易顾问等。此外，他们还可以在金融机构从事与国际贸易相关的金融投资、风险管理等工作。同时，随着电子商务和国际物流的快速发展，这些城市的国际物流行业也为国贸专业的毕业生提供了大量的就业机会。

1.4　就业前景

近年来，随着全球经贸往来日益频繁，国与国之间的联系日益紧密，对于中国这样的贸易大国来说，对外开放的节奏逐渐加快。因此，国际经济与贸易专业在中国经济发展中的地位日益显著，职业前景良好。

经济全球化、数字经济发展、区域经济合作加强、自贸区建设、"一带一路"共建国家合作深化，都离不开国际经济与贸易专业人才的支撑。为适应国家高质量对外开放的需求，高校国贸人才培养目标不仅需要提高学生的理论知识，更需要重视培养学生的操作能力，通过让学生走到商务前沿、走到商务实际、模拟案例教学、使用实训软件等方式提高学生实践能力素养尤为重要。

第 2 章
案例教学在国贸专业教学中的意义

2.1　案例教学法的概念

案例教学法（case-based teaching）是一种以案例为基础的教学法，是一种独特且高效的教学方法，它强调理论与实践的紧密结合，让学生在模拟或重现的现实场景中，通过互动和讨论，将所学的理论知识应用于实际问题的解决中。这种方法的优点在于，它不仅能够帮助学生深入理解抽象的理论知识，还能够提高他们的实际操作能力和问题解决能力。它主要用在经济学、管理学、法学等学科中。教学中既可以通过分析、比较，研究各种各样的成功的和失败的管理经验，从中总结出某些一般性的管理结论或管理原理，也可以让学生通过自己的思考或者他人的思考来拓宽自己的视野，从而丰富自己的知识。

2.2　案例教学法的起源

案例教学法起源于20世纪20年代的美国哈佛商学院。当时，这种教学法采用了独特的案例形式，案例内容均来自商业管理的真实情境或事件。通过这种方法，哈佛商学院成功培养和发展了学生主动参与课堂讨论的习惯，取得了显著的教学效果。随着时间的推移，案例教学法在师资培育中逐渐受到重视。尤其是在1986年，美国卡内基小组在《准备就绪的国家：二十一世纪的教师》这份报告书中，特别介绍了案例教学法在师资培育课程中的价值，并视其为一种相当有效的教学模式。

而在我国，教育界对案例教学法的探究则始于20世纪90年代以后。如今，案例教学法已经广泛应用于经济学、管理学、法学等多个学科领域，成为一种深受师生欢迎、代表未来教育趋势和方向的教学方法。在案例教学中，教师通常会选取与课程内容紧密相关的案例，通过引导学生分析、讨论案例，帮助学生深入理解理论知识，并培养他们解决实际问题的能力。这种教学法强调理论与实践的紧密结合，注重学生的参与和互动，有助于激发学生的学习兴趣和主动性。

2.3　案例教学法的特点

2.3.1　鼓励学生独立思考

传统的教学方法往往侧重于向学生灌输知识，告诉他们应该怎么做，但这种方式有时无法确保学生在实践中能够灵活运用所学知识。相比之下，案例教学法的优势在于它鼓励学生独立思考、自主创新，从而在学习过程中更加积极主动。

在案例教学中，学生不会被告知具体的解决方案，而是需要自己去分析问题、提出解决方案，并与其他同学进行讨论和交流。这种过程不仅使学习变得生动有趣，还促进了学生之间的交流和合作。通过分享各自的见解和方案，学生可以相互学习、取长补短，从而提高自己的思考能力和解决问题的能力。

此外，案例教学还能激发学生的竞争意识和进取心。在小组讨论和课堂展示中，学生之间的表现差异会自然产生。长期表现不佳的学生会感受到压力，从而产生超越他人的动力，进而更加努力学习，提高自己的能力。

2.3.2　引导学生变注重知识为注重能力

教师和学生都深知，单纯的知识积累并不等同于能力的形成。知识只是能力的基础，真正的能力是将知识灵活运用到实践中，解决实际问题。因此，教学不应仅停留在理论知识的传授上，更应注重实践应用与效益实现。教学的本质应该是一种实践性的活动，它要求学生不仅能够理解并掌握知识，还要能够将这些知识转化为实际操作的能力。

2.3.3　重视双向交流

案例教学法的优势在于它能够充分调动学生的主动性和积极性，使他们从被动接受知识转变为主动探索和理解知识。在国贸专业的教学中，这种方法的运用尤为重要，因为国贸专业不仅要求学生掌握大量的理论知识，还需要他们具备实际操作和解决问题的能力。

通过案例教学，学生不仅能够深入理解国际贸易的理论知识，还能够学会如何将这些知识应用到实际情境中。他们需要在拿到案例后，自己进行消化、理解，并查阅相关资料来加深对知识的理解。这个过程要求学生主动思考、积极探索，从而培养他们的问题解决能力和批判性思维。

同时，案例教学法也对教师提出了更高的要求。教师需要设计合适的案例，确保案例与课程内容紧密相关，并能够引发学生的兴趣和思考。在案例讨论中，教师需要引导学生进行深入思考，及时给予反馈和指导，帮助他们理解案例中的关键问题和解决方法。这种双向的教学形式不仅促进了学生的学习，也促使教师不断加深思考，提升教学质量。

2.4　教学案例的类型

案例教学离不开案例，一个优秀的案例是案例教学成功的关键性因素，而一个优秀的案例总是以一定的形式来体现。教学案例的类型大致可分为以下几个方面：

根据案例情景的不同，可以分为语言情境案例和实际情境案例。语言情境案例主要通过教师的语言描述来呈现已经发生过的情境，引导学生运用相关知识进行分析。这种案例形式灵活，能够帮助学生锻炼思维能力和分析能力。实际情境案例则是教师借助或设计一个真实的情境，让学生在其中发现问题、体验情境，并共同讨论解决问题的方案。这种案例形式更贴近实际，能够帮助学生更好地理解和应用所学知识。

根据案例性质的不同，可以分为描述性案例和分析性案例。描述性案例主要是将事物的整体或部分情况，以及事物发展的完整过程，用生动具体的方式描述出来，让学生有身临其境的感觉，更直观地了解案例内容。分析性案例则是在描述的基础上，加入了可供分析和讨论的问题元素，引导学生深入思考、分析和探讨案例中所蕴含的问题和深层次含义，以达到提升分析能力和批判性思维的目的。

根据案例内容的不同，可以分为专题性案例和综合性案例。专题性案例主要聚焦于某一特定问题或领域，帮助学生深入剖析和理解某一方面的知识点。而综合性案例则是对事物整体或全局以及其发展全过程的全面描述，提供一个更为广泛和复杂的情境，供学生从中思考和分析，锻炼其综合运用所学知识的能力。

这些不同类型的案例各有特点，教师可以根据教学目标和学生特点选择合适的案例进行教学。同时，教师还需要注意案例的真实性和可操作性，确保案例能够贴近实际、引发学生兴趣，并达到预期的教学效果。

2.5 案例教学的基本方法

2.5.1 案例讲授法

教师运用案例来辅助讲解课程内容，是一种有效的教学方法。这种方法能够使得案例与课程的基本理论相互融合，形成一个连贯且完整的教学内容体系。具体来说，这种方法可以有两种实施方式：一种是以案例为主导，通过具体的实例来解析和阐释理论知识的要点和精髓。这样做有助于学生更好地理解理论知识的实际运用和内在逻辑，使抽象的理论知识变得生动具体，易于掌握。另一种则是以讲授基本理论为主导，同时引用相关案例进行论证和说明。这种方式能够帮助学生建立起扎实的理论基础，同时通过案例的引入，加深对理论知识的理解和应用。这样的教学方式有助于形成对课程内容的全面认识和深入理解。

2.5.2 案例讨论法

这是指在教师悉心指导下，以学生为中心，围绕具体案例展开深入讨论与分析的一种教学方法。通过这种方法，学生能够积极参与，充分表达自己的见解，从而深化对知识的理解和掌握。

2.5.3 案例模拟法

我们可以称之为"角色扮演式案例教学"。在这种教学方法中，教师会预先准备好一系列的案例脚本，这些脚本通常描绘出具体的情境和角色。学生们则根据这些脚本，扮演其中的角色，通过演绎的方式重现案例中的情境，例如模拟小品表演或模拟法庭辩论等。这样的角色扮演活动为学生们提供了一个真实而具体的情境感受，使他们能够更深入地理解和体验案例中所涉及的问题和情境。在完成角色扮演后，教师会引导学生们对模拟的案例进行深入的分析和评价，帮助他们从案例中提炼出重要的知识点和思考点，从而加深对相关理论和实践的理解。

2.5.4 案例练习法

在课堂上、课后复习阶段以及单元练习与考试过程中，巧妙地融入具有代表性的典型案例，通过构建真实的问题情境，来训练和检验学生分析并解决实际问题的能力。这样做有助于提升学生的实践应用能力和问题解决技巧。

2.6 案例教学法的步骤

2.6.1 学生自行准备

在集中讨论开始前的1～2周，教师应该将案例材料分发给学生们。学生们需要花费时间仔细阅读这些材料，并查阅相关的资料，以收集必要的信息。同时，他们也需要积极思考，初步形成对案例中问题的原因分析和解决策略。为了帮助学生们更好地准备，教师可以提供一些思考题，以引导他们更有针对性地进行准备工作。这个准备阶段非常重要，如果学生们没有做好充分准备，将会对整个培训过程的效果产生负面影响。因此，我们强调学生们必须认真对待这个阶段的工作，以确保后续讨论能够顺利进行，并且能够最大限度地增强培训效果。

2.6.2 小组讨论准备

教师将学生分组，每组人数控制在3～6人，以确保小组内成员的多样性。这样的分组策略旨在创造更多的机会让学生表达不同的观点，从而在案例准备和讨论过程中深化对案例的理解。此外，各个学习小组的讨论地点应相互隔离，以便学生能够在一个更为专注和私密的环境中进行讨论。在小组活动组织方面，教师应给予小组充分的自主权，让他们以自己的方式高效地进行活动，而教师则应避免过多地干涉，以充分发挥学生的主观能动性和团队合作精神。

2.6.3 小组集中讨论

每个小组选出一名代表，负责对案例进行深入分析并提出处理建议。每位代表的发言时间应控制在30分钟以内，确保内容紧凑而充实。发言结束后，代表接受其他小组成员的提问并作出解答。在这个环节中，如果代表无法回答某个问题，本小组的其他成员可以协助回答，共同为小组的观点辩护。这个集中讨论的过程，为学生提供了充分展示自己观点和能力的舞台。教师在这个过程中，主要扮演的是组织者和主持人的角色，负责引导讨论的方向和节奏，确保讨论能够有序进行。通过发言和讨论，学生们能够更深入地理解案例，并拓宽自己的思维。在这个环节中，教师将收集各个团队的观点，并归纳出一些主要的问题及其解决方案。接下来，教师将引导每个团队集中讨论这些突出的问题和相应的处理策略。这样做有助于将学生的注意力集中在如何合理解决案例问题上，进一步加深他们对案例的理解和处理能力。

2.6.4　总结阶段

在完成小组内部讨论以及小组间的集中交流后，教师应当为学生预留一段静默的时间，让他们自行进行内心的反思与归纳。这样的总结，既可以是提炼出案例中所蕴含的规律和经验，也可以是对获取这些知识和经验方法的探索。为了使学生更深入地体验这一过程，教师还可以鼓励他们将总结的成果以书面的形式呈现出来。通过这种方式，学生们不仅能深化对案例的理解，更能对案例中所揭示的各类问题有一个更为透彻的认识。这样的总结方式，不仅有助于巩固学生的学习成果，还能提升他们的思维深度和广度。

2.6.5　点评阶段

点评阶段，教师主要聚焦在对学生讨论过程的肯定与提升，对案例本身的深度剖析，以及对案例中所蕴含的深刻道理的归纳与提炼。

在讨论过程中，教师应着重肯定那些积极发言、主动分享观点的同学，他们的参与不仅活跃了课堂氛围，也展现了良好的学习态度和合作精神。对于拥有独到见解的同学，教师应给予充分的表扬，鼓励他们继续深入思考，同时也需指出其中的不足，帮助他们进一步完善自己的观点。此外，教师还可以组织学生对案例本身进行细致的评价。这不仅能让学生更加明确一个优秀案例应具备的特质，如逻辑清晰、信息完整、情境真实等，还能通过这一过程提升他们的表达和分析问题的能力。在总结案例中蕴含的道理时，教师要注重理论与实践的结合。这既可以是对案例中涉及的基本原理和规律的简明概述，也可以是对学生在推理过程中存在的误区进行指正，还可以是对案例中重点和难点内容的着重强调。同时，教师也要对学生的分析过程和方法进行评价，帮助他们形成更加科学、有效的分析框架。通过这样的点评，不仅能够促进学生的个人成长，还能推动整个班级的共同进步，使案例教学真正成为提升学生综合素质的有效途径。

2.7 案例教学法的要求

2.7.1 真实可信

案例是为达成教学目标而精心挑选的，它必须具备代表性和典型性，能够直接体现和反映相关的理论知识。同时，案例的选取绝对不能仅基于教师的个人臆测或虚构，它必须来源于深入细致的实践调查研究，确保真实可靠。特别是面对那些已有一定实践经验的学生，案例的真实性更是至关重要。一旦学生发现案例是虚假的或虚构的，他们可能会将角色扮演视为一种游戏，而非严肃的学习过程。这样，原本旨在锻炼学生能力的案例讨论就会失去其应有的意义。因此，在选择案例时，我们必须格外注意其真实细节，确保学生能够在讨论中仿佛置身于真实的企业环境之中，获得身临其境的体验。这样，学生才会更加认真地对待案例中的每一个角色和情境，深入分析各种数据和复杂的案情，积极搜寻知识、启迪智慧、锻炼能力。为了达到这一目的，教师本人必须亲身参与实践，深入实际，采集真实有效的案例。只有这样，我们才能保证案例教学的质量，真正实现其应有的教学效果。

2.7.2 客观生动

在编写案例时，真实性的确是不可或缺的基石，但仅仅罗列事例和数据是远远不够的。教师需要避免枯燥乏味的教科书式编写方式，转而运用一些文学手法来丰富案例的展现形式。例如，可以通过场景描绘、情节叙述、心理刻画以及人物对白等方式，让案例更加生动有趣。适当的议论也可以用来增强氛围，揭示细节，但重要的是要确保这些议论不透露案例编写者的主观意图，更不应引导出特定的结论。此外，案例还可以附带一些相关资料，如企业的规章制度、文件决议、合同摘要等，甚至可以包括相关的报表、台账、照片、曲线图、资料、图纸以及当事人档案等图文资料。这些附加材料有助于学生更全面地了解案例背景，深化对案例的理解。需要强调的是，这里的"生动"并非追求文学上的华丽辞藻，而是在客观真实的基础上，通过具体的形象和细节描写来激发学生的兴趣。这种生动性应服务于教学目的，而不是喧宾夺主，偏离案例教学的初衷。因此，在编写案例时，教师应注重在保持真实性的前提下，通过运用文学手法，使案例更加具体、生动，从而更好地达到教学目的。

2.7.3　多样化

案例的设计应聚焦于情境的展现，而不应直接揭示结果。案例中应蕴含激烈的矛盾冲突，以激发学生的思考和讨论热情。同时，案例不应预设处理办法和结论，而是应留给学生足够的空间去决策、去处理。只有当学生们面对多种可能的解决方案时，他们才会更加投入地去思考、去分析，进而产生不同的处理结果。如果案例过于简单，或者结局过于单调，那么这样的案例就失去了其应有的价值。因为这样的案例无法引发学生的深入思考和热烈讨论，他们的决策能力和处理复杂问题的能力也无法得到锻炼。因此，一个具有教育意义的案例应当包含错综复杂且多元化的结果。这种案例能够激励学生从多个视角和层次去深入思考，从而得出多样化的解决策略。这样的案例不仅能够引发学生的学习热情，还能促进他们发展创新思维和解决问题的技巧，使他们在面对现实生活中的复杂挑战时，能够镇定自如地应对。

2.7.4　相关性

在选择案例时，务必要确保案例内容与所教课程内容紧密相关。案例分析的初衷在于深化学生对所学理论知识的认识，并培养他们运用这些理论知识解决实际问题的能力。因此，所选案例必须针对课程内容进行精心挑选，确保案例能够充分反映课程中的关键知识点和理论框架，从而使学生能够在分析案例的过程中，将理论知识与实际情境相结合，达到知行合一的效果。通过这样有针对性的案例分析，学生不仅能够更好地理解课程知识，还能在实践中不断磨炼和提升自己的问题分析与解决能力。

2.7.5　典型性

案例学习的内容应当具备广泛的适用性和典型性，使得学生能通过一个案例理解多个相关情境并扩展至不同的场景。优质的案例常常呈现复杂的关系和多元的法律知识，对于学生而言具有极高的价值。这样的案例能够帮助学生从不同的角度检验和加深对所学理论的理解，通过深入的分析和探讨，学生能够得出正确的结论，进而提高他们的实际操作能力和解决问题的能力。因此，选择具有广泛适用性和典型性的案例进行教学，是提升学生学习效果和综合素质的有效方法。

2.8 案例教学法的优势

传统教学法与案例教学法在教学理念和方式上有着显著的不同。传统教学法主要围绕学科知识展开，其教学过程侧重于知识的传递和学习。在这一过程中，知识传授主要通过教师的课堂讲授来实现，而学生则需要通过课后作业、实践操作等方式来内化所学知识。

然而，在新课程的背景下，案例教学更加注重学生的学习方式和过程，强调学生在探究和实践中的体验、能力形成和知识建构。案例教学要求教师在海量的教学材料中筛选出既典型又完整的案例，这些案例不仅应具有教育价值，还要与教学内容紧密相连，服务于教学目标。通过这样的案例，教师可以达到思想政治教育的目的，培养学生的参与意识、拓宽他们的思维，并促进团队合作精神的形成。因此，推广案例教学法具有诸多益处。

案例教学能够为学生营造一个优质、宽松的学习环境，将真实的、典型的问题直接呈现给他们。学生需要身临其境地思考、分析和讨论这些问题，这对于激发他们的学习兴趣、培养他们的创造能力以及解决问题和分析问题的能力极为有益。其具体表现为以下几个方面。

2.8.1 提高学生解决实际问题的能力

案例教学旨在在教师的引导下，鼓励学生独立自主地深入探索案例内容，全身心地融入案例角色，成为案例情境中的主动参与者。通过模拟案例情景的"重现"，使学生能够身临其境地思考问题，学会运用所学知识探求切实可行的解决方案。这一过程有助于激发学生的创新思维，提升他们分析问题和解决问题的能力，从而培养出更加全面、具有实践能力的人才。

2.8.2 培养学生的表达能力

案例教学的精髓在于深入的讨论与思想的碰撞。因此，学生在课堂上若想出色完成任务并展现自己的风采，就必须不断提升自己的语言表达能力，增强与他人的沟通能力，并在讨论中努力展现自己的见解，力求能够说服他人。通过有效的沟通与交流，学生不仅能够更好地理解和分析案例，还能够在讨论中汲取他人的智慧，拓宽自己的思维，进一步提升自己的综合能力和素质。

2.8.3　缩短理论和实践的距离

学校固然是知识的摇篮，但社会则是更广阔的学习天地。案例作为现实问题的微缩版，巧妙地将社会大课堂中的真实情境引入学校的小课堂之中。通过展示一系列典型的真实问题，让学生在这些已经历过实践的事件中扮演角色，进行"实战"演练。这种方式能使学生以更快捷的速度、更高效的方式将理论知识转化为实践能力，从而大幅缩小理论与实践之间的鸿沟，使他们更好地适应和融入社会。

2.8.4　提高课堂教学效果

案例教学所选取的案例不仅真实描绘了实际情境，更蕴含着丰富的待解问题。这种教学方式以学生为中心，鼓励他们积极参与课堂讨论，通过深入剖析案例中的问题，并运用所学的理论知识进行分析，使学生能够更加深刻地理解和掌握课本知识。由于案例直接来源于生动的现实，学生仿佛置身其中，能够亲身体验和感受。案例的内容既有趣又实用，避免了过多的抽象和复杂概念、理论的灌输，因此学生参与的积极性普遍较高，容易产生浓厚的学习兴趣，从而有效提高课堂教学效果。

2.9　案例教学法在国际经济与贸易专业教学中的适用性分析

2.9.1　国贸专业教学现有问题

国际经济与贸易专业的课程设置注重实践与应用，因此在教学中案例教学法被赋予了极高的重视。然而，目前教育部尚未针对国贸专业的实践教学目标和学生所需技能发布明确的指导文件。虽然多数高校在国贸专业人才培养方案中均强调了案例教学的重要性，但由于缺乏统一的量化评价标准，教学效果难以准确衡量。此外，不同高校在师资力量和经费投入方面存在显著差异，这也导致了案例教学体系和教学质量的不均衡。经过深入调查和分析，我们发现案例教学法在国贸专业教学中确实存在一系列亟待解决的问题。

1.课程设置千篇一律

目前，我国高等教育机构中的国际经济与贸易专业课程设计普遍遵循国家教育部门的标准框架，这一框架主要分为四个部分：综合基础教育、专业基础教育、专业深入学习以及实际操作训练。在这些不同的课程类别中，各自的课时分配都有严格的规定。这种规范化的教育模式导致不同高校在教授的知识和专业课程安排上变得相似，难以展现出独到之处和个性化特色。由此培养的学生群体也显现出较高的同质化，缺乏多样性和创新能力。然而，市场对国际贸易领域人才的需求是多方面的。除了需要有深厚理论知识的贸易专业人员，对于具有丰富操作实务经验的订单处理员、单证操作员等岗位需求同样旺盛。同时，还迫切需要那些能够从事国际贸易业务管理及深入研究的高级专业人才。为了满足这种多层次的需求，高校国贸人才的培养也应具备相应的层次性。然而，由于高校在课程设置上缺乏明确的方向，且内容大致相同，很难真正实现各自的培养目标。这就导致高校在国贸人才的培养上难以形成特色和优势，也无法满足社会的多元化需求。因此，高校在国贸专业的课程设置上需要进行深入的改革和创新，以培养出更具层次性和创新性的国贸人才。

2.存在"重理论、轻实践"的课程设置问题

高等教育体系中，实践环节的重要性不言而喻。近年来，尽管各高校都在努力提升实践教学的比例，但"重理论、轻实践"的现象仍然屡见不鲜。这里所说的"轻实践"并非指完全缺乏实践环节，而是指实践的方式和质量问题。传统的实践教学往往侧重于"被动实践"，即教师为学生设定实践对象、方法和程序，学生只需按照既定框架完成任务。这种模式下，学生的参与度不高，难以真正培养起创新力、质疑力、观察力和协同力等关键能力。相比之下，"主动实践"则更加注重学生的主体性和主动性。在这种实践模式下，学生需要积极参与实践活动的各个环节，包括确定实践对象、制定实践方法、提出质疑、分析问题以及总结成果等。这样的实践过程不仅能让学生更深入地理解和掌握知识，更能有效培养他们的各项能力。值得注意的是，"主动实践"能力的培养不应局限于认识实习、课程实习、毕业实习等典型实践环节。即使在基础科目的学习中，也应贯彻这一理念，让学生在日常学习中也能体验到主动实践的乐趣和收获。因此，为了真正解决"轻实践"的问题，高校需要转变实践教学方式，更多地引入"主动实践"模式，让学生在实践中发挥主体作用，从而全面提升他们的实践能力和创新能力。

3.对学生成绩的评价体系不科学

在高等教育领域，成绩评价系统对学生学习的方向起到了关键的引领作用，仿

佛是一根指引学生学习路径的指挥棒。但是，目前学校主要通过考试分数来评估学生的学业表现，这种以分数为主的评价方式往往不能充分反映学生是否具备独立思考、提出问题和解决问题的能力，这无疑限制了对学生创新能力的培养。分数只能部分展示学生对基础知识或专业知识的掌握程度，无法全面反映他们的创新能力。在一些教育发达的国家，学生的课程作业在最终评价中占据了相当大的比重。

此外，在现行的国贸本科专业教学质量国家标准中，对于实验（实训）、专业实习、社会实践和毕业论文这四个实践环节，缺乏明确和硬性的评价标准，这使得不同学校之间的教学效果难以进行有效的比较。例如，很多国贸专业学生的毕业论文由于缺乏深入的外贸企业实地调查，往往存在"闭门造车"的现象，使得这一教学环节变得形式化。同时，由于担心学生的安全问题或缺乏稳定的合作企业，很多高校对于国贸专业学生的毕业实习采取学生自主安排的方式，导致很多学生并没有严格按照要求完成所有实习环节，实习的随意性很大。另外，很多高校在设计国贸专业实践教学体系时，由于缺乏行业专家的指导，使得实践教学内容与当前的外贸发展情况脱节，无法与时俱进。同时，担任国贸本科专业实践课程的老师由于缺乏实际的行业和企业经验，导致教学与实际需求存在较大的差距，教学效果不尽如人意。

4.缺乏高质量的教学案例

案例是案例教学法的核心，其质量直接决定了教学效果的好坏。在国际经济与贸易专业课程的教学中，高质量教学案例的缺乏是当前所面临的一个突出问题。案例的选用环节存在诸多弊病，这主要源于案例收集渠道、教师精力与财力的有限性。当前所使用的教学案例大都由教师自行收集、整理，这在很大程度上影响了案例的质量和适用性。部分案例编写过于简单，缺乏深度和复杂性，无法充分展示国际经济与贸易领域的实际问题和挑战。这样的案例很难引导学生进行深入分析和思考，从而难以达到预期的教学目的。一些案例的完整性不足，缺乏关键信息和背景描述，使得学生在分析时难以形成全面的认识。这种情况下，学生可能无法准确理解案例的情境和问题，从而影响了案例教学的效果。此外，案例缺乏真实性和针对性也是当前面临的重要问题。与课程的关联程度不高，无法有效地体现相关概念和理论的应用，这不仅降低了学生的学习兴趣和积极性，也影响了他们对专业知识的理解和掌握。同时，一些国际经贸公司出于商业保密的考虑，在提供信息数据时可能存在偏颇或隐瞒，这也使得案例的真实性受到质疑。缺乏真实数据的支撑，案例分析的准确性和可信度都会大打折扣。

5.教师综合素质有限

案例教学的成功实施在很大程度上依赖于高水平的教师团队。然而，目前部分高等学校中存在着从事国际经济与贸易专业教学的教师授课水平参差不齐的情况，许多教师的教学理念仍停留在传统模式上，过于注重知识的灌输，而忽视了与学生的互动与讨论，这与案例教学法的初衷相悖。案例教学法是通过让学生对案例进行分析与讨论，引导学生主动思考、积极探索，从而深化学生对专业知识的理解与掌握。然而，目前一些教师在授课过程中仍然采用单一的教学方法和手段，缺乏创新性和多样性，这使得案例教学法的优势无法得到充分发挥。此外，一些教师授课经验不足且缺乏国际贸易的实战经验，难以做到游刃有余地引导学生进行深入学习与思考。这也制约了案例教学法的应用效果。

6.学生参与度不高

案例教学法在开展的过程中需要学生积极地参与到对于案例的分析与讨论的过程中来，培养他们的批判性思维和实践能力。当前许多高校在开展案例教学时，仍然沿用传统的教师讲授、学生听讲的教学模式，忽略了学生在课堂上的主体地位，这极大地限制了学生的参与度和主动性。在这种模式下，学生往往只是被动地接受知识，缺乏对于案例的深入分析和独立思考。这不仅影响了案例教学法的教学效果，也制约了学生分析案例和解决实际问题能力的提升。

2.9.2 案例教学能够弥补现有国贸教学中的不足

案例教学法将国际经济与贸易中遇到的真实情境与事件作为教学素材，通过生动的形式将理论呈现给学生，从而帮助学生理解和掌握相关国贸理论，能够弥补上文提到的不足。

1.案例教学法能够帮助学生深化理解，实现理论与实践的有机结合

国际经济与贸易专业涉及的知识体系广泛且复杂，其中不乏抽象的理论概念和难以理解的实践问题。通过引入实际案例，教师可以引导学生将理论知识与具体情境相结合，使学生在分析案例的过程中加深对理论知识的理解，同时学会如何运用理论知识解决实际问题。这种教学方式不仅能够提高学生的学习兴趣，还能够培养学生的问题解决能力。传统的授课方式往往将教师置于主导地位，而学生则被动地接受知识。这种教学方式在一定程度上限制了学生的主动性和创造性，难以真正激发他们的学习兴趣和动力。相比之下，案例教学法则是一种更为积极、互动的教学

方式。在案例教学中，教师不再是单纯的知识传授者，而是成为引导学生思考和实践的引路者。通过引入真实的案例，教师可以帮助学生将理论知识与实际情境相结合，引导他们深入分析和解决问题。这种教学方式不仅可以帮助学生加深对抽象概念的理解，还可以提升他们的实践能力和创新能力。如以国际结算课程为例，教师在讲授信用证项下的风险与防范内容时，可以引入实际发生的软条款案例。通过分析这些案例，教师可以引导学生思考软条款的本质、产生的原因以及对企业进出口的影响等问题。学生可以在讨论和交流中逐渐理解并掌握这些知识，这种由浅入深的教学方式可以加深学生对相关抽象概念的理解，提升课堂教学效率。

2.案例教学可增加师生之间的互动和沟通

在案例分析的过程中，教师需要积极引导学生思考，鼓励他们提出自己的观点和见解。学生则需要通过查阅资料、分析问题、提出解决方案等方式来展示自己的学习成果。这种互动和沟通不仅可以激发学生的学习兴趣和动力，还可以帮助他们建立自信心和表达能力。如以国际商法为例，国际商法作为一门涉及复杂法律条文和跨国交易规则的学科，其复杂性和专业性往往让学生感到难以捉摸。传统的讲授式教学虽然能够系统地传授知识，但往往缺乏实践性和互动性，难以激发学生的学习兴趣和积极性。而通过案例教学法，可以把学生分成几个小组，进行角色分配，让他们分别代表利益各方，然后通过模拟法庭的方式让他们利用课堂上学到的相关法律规定进行辩论，在辩论的过程中可使学生对法律条文的概念和使用有更深的印象，从而极大增强了他们学习的积极性。

3.提高学生思辨意识，锻炼学生沟通表达能力

对于国际经济与贸易专业的学生来说，思辨意识不仅是他们表达能力和综合素养的体现，更是未来在商业谈判中取得成功的关键。通过组织案例教学，学生可以深入参与到案例分析和讨论中，表达自己的观点并对他人的观点进行思考和批判。这种教学方式有助于培养学生的独立思考能力和批判性思维，使他们能够更全面地分析问题，提出更具创意和实用性的解决方案。例如，在国际商务谈判课程中，在讲授黑箱理论时，教师可以设计模拟谈判场景，让学生扮演不同国家的谈判代表，就技术转让费用等问题进行磋商。在模拟谈判过程中，学生便能深入理解白箱、灰箱和黑箱代表的系统和区域，并根据实际情况灵活运用谈判策略。这种教学方式不仅有助于学生理解理论知识，更能提升他们的实践能力和沟通技巧。通过案例教学的实践，学生可以逐渐学会如何运用理论知识解决实际问题，如何与他人进行有效的沟通和协商，如何在商业谈判中保护自己的利益并达成双赢的协议。这些能力对于国贸专业的学生来说至关重要，是他们未来职业发展中不可或缺的一部分。

4.培养学生的团队意识，提升创新能力

通过分组的形式进行案例讨论，不仅可以让学生在交流中完善自己的观点，还能够增强他们之间的团队协作精神和沟通能力。在分组讨论的过程中，每个学生都有机会发表自己的见解，同时也能听到其他同学的意见和看法。这种互动与交流有助于培养学生的开放思维和批判性思考，使他们能够从不同的角度审视问题，提出更具创意的解决方案。同时，以小组为单位进行成绩评定，可以激励学生们更加积极地参与到团队讨论中，共同为小组的成绩努力。小组成员需要综合各自的意见和建议，展现团队的凝聚力和协作能力。这种经历可以帮助学生培养在团队合作中寻求共识、化解分歧的能力，为将来在工作中与他人合作打下坚实基础。以国际市场营销课程为例，通过引入经典的营销案例，让学生分组进行分析和讨论。在这个过程中，学生需要运用所学的市场营销理论知识，分析案例中的营销策略和手段，挖掘其中的智慧和创新点。同时，他们还需要结合实际情况，提出自己的见解和解决方案。这种情境式的学习方式能够培养学生的合作精神和创新能力，使他们在解决实际问题的过程中不断成长和进步。

2.9.3 国际经济与贸易专业教学需要案例教学法

案例教学法在国际经济与贸易专业课程的教学中，可以为学生快速掌握相关知识和理论以及为老师提升课堂教学质量提供十分重要的帮助，表现为以下几个方面：

第一，国际经济与贸易专业是一个较为注重实用性的专业，其核心目标在于培养能够系统掌握国际贸易规则、了解各地外贸政策，并能在外贸企业和综合经济管理中发挥关键作用的高级人才。然而，当前许多高校在教学过程中未能充分意识到这一点，导致毕业生在初入职场时往往难以迅速适应工作环境，也无法有效地将理论知识转化为实践能力。在这一背景下，案例教学的重要性愈加凸显。在案例讨论中，学生不仅可以学习到解决问题的方法和技巧，还能够通过模拟实际工作环境，将课堂上学到的理论知识转化为实际操作策略。在案例分析的过程中，学生需要积极思考、分析问题，并提出自己的见解和解决方案。这种教学方式不仅有助于培养学生的思辨能力和创新思维，还能够增强他们的团队协作和沟通能力。更重要的是，案例教学能够有效地缩短学生在未来职业中的过渡时间。通过在校期间对案例的深入学习和讨论，学生能够提前了解职场环境和工作要求，从而在毕业后能够更快地适应工作环境并发挥出自己的专业能力。

第二，很多国际贸易专业特色课程可以通过案例教学法进行讲解，这是因为国际经济与贸易专业课程除了一些宏观经济学和微观经济学等基础学科之外，还有很多核心特色课程，比如国际贸易实务、国际投资、国际商务谈判、外贸函电、商务英语等。这些课程的学习本身就具有很强的实践性，仅仅依靠理论学习很难完全掌握。案例教学法能够帮助学生将零碎的知识点串联起来，形成完整的知识体系。可以将这些知识点进行有机整合，使学生更好地掌握国际贸易的整体流程和规则。通过分析和讨论案例，学生可以学会如何运用所学知识解决实际问题，提高他们的问题分析能力和决策能力。这对于未来从事国际贸易工作的业务人员来说，是非常宝贵的经验和能力。

第三，案例教学作为国贸专业实践教学的一种形式，具有成本低、效率高的显著优势。相较于传统的实践教学渠道，案例教学在节约时间和费用方面表现得尤为突出。首先，传统的实践教学如到外贸企业观摩学习、校外毕业实习等，往往需要投入大量的时间和费用。学生需要花费时间去往实习地点，还需要承担交通和住宿等费用。而案例教学则完全在校内进行，省去了这些额外的开销。学生只需在特定的教室中，通过分析和讨论案例，就能够达到实践教学的目的。其次，案例教学能够结合课堂所学，选取适当的案例进行有针对性的开展。再次，案例教学还可以让学生虚拟地充当不同角色，如"进口商""出口商""银行""海关"等，从而更加全面地了解国际贸易的流程和规则。最后，案例教学还具有高度的灵活性和适应性。教师可以根据学生的学习情况和需求，随时调整案例的内容和难度，以确保教学的效果。促进学生积极参与和互动，提高学生的学习兴趣和主动性。

第四，案例教学成功地将"被动实践"转变为"主动实践"，显著提升了学生的学习积极性和主动性。传统的实践教学法往往使学生难以真正参与到贸易决策和流程中，很多时候学生只是扮演了聆听者、观摩者的角色，甚至被安排做一些与核心实践内容无关的琐事。这种实践方式不仅无法激发学生的兴趣，还可能导致他们对实践产生误解，认为实践只是一种形式化的过场。案例教学法的应用则改变了这一局面。通过引入真实或模拟的贸易案例，学生被置于一个具体、真实的商业环境中，需要主动分析、思考和决策。在案例教学中，学生不再是被动的接受者，而是积极的参与者。他们需要深入研究案例，理解其中的商业逻辑和决策过程，并与其他同学进行深入的讨论和交流。这种主动实践的方式不仅增强了学生的参与感，还提高了他们的学习兴趣和动力。通过亲身参与案例的分析和讨论，学生能够更加深入地理解国际贸易的实际运作和决策过程，从而更好地掌握相关知识和技能。通过与同学的交流和合作，学生还能够提升沟通能力和团队协作能力，提升学生的综合素质，促进学生的全面健康发展。

2.10 案例教学法在国际经济与贸易专业教学中的实施框架

2.10.1 案例选择

案例选择的主要目的是为学生提供与理论和知识相关的、具体的、真实的案例，以引起学生的学习兴趣，启发学生思考，让学生能够从案例中体会到相关知识的实际应用。因此，案例应该符合以下条件：

第一，案例所涉及的问题应该是学生在课堂上可以直接接触到的问题，这样才能使学生感到真实、亲切、可信。只有这样，才能吸引学生主动地参与到讨论中来。

第二，案例应该具有典型性和代表性。一般来讲，由于国际贸易与经济专业课程所涉及的知识面较广，知识体系较为复杂，因此在选择案例时，应该选择具有典型性和代表性的案例。通过对不同行业、不同区域、不同时期相关的典型案例进行分析和对比研究，有助于提高学生对所学知识的理解和掌握能力。

第三，为了让学生有更多机会参与讨论，案例应尽量选用真实发生在现实中的事件。通过对典型案例进行分析和讨论，不仅可以加深学生对相关知识的理解和掌握，而且可以提高学生分析、解决实际问题的能力。

第四，案例应具有一定的深度和广度。因为对于国际贸易与经济专业而言，很多知识点是相互关联、相互渗透的，因此在选择案例时应该注意知识点之间的关联性、相关性、逻辑性等方面。只有这样才能使学生在分析和讨论时能够全面系统地掌握相关知识，进而提高分析问题和解决问题的能力。例如，国际金融危机对国际贸易与经济专业课程教学有什么影响等。在国际贸易实务中，关于国际货物买卖合同的订立、履行和争议解决等，教师可根据课程内容选取相应的案例，并结合该门课程的特点加以讲解，使得学生能够深入地了解相关的知识。

2.10.2　案例分析

案例分析是案例教学法中不可或缺的一环，它是对案例进行深度剖析和研究的过程。当学生对案例背景有了初步的了解后，教师应进一步引导他们进入分析和探讨的环节。这一环节至关重要，因为它不仅是学生获取知识的主要途径，更是提升他们分析问题能力的关键所在。因此，它被视为案例教学的核心组成部分。在进行案例分析时，我们需特别关注案例中的因果关系。只有深入探究问题产生的根源，我们才能找到有效的解决方案。在此过程中，学生应始终是教学活动的主体，而教师则扮演着启发者和引导者的角色。在分析、讨论和辩论的过程中，教师应充分调动学生的主动性和参与意识，为他们提供充足的讨论和发言机会。鼓励学生勇敢表达自己的观点，在此过程中培养他们的口头表达、逻辑推理、思辨应变、团队协作以及灵活运用知识的能力。这样，案例教学法才能真正实现其教学目的。在国际贸易与经济专业教学中，我们可以根据学生的学习基础和兴趣，选取一些典型案例作为教学素材。针对不同的案例，我们可以采用不同的分析方法进行讲解，以确保教学效果的最佳化。例如，在国际贸易实务课程中可以选择一些国内企业与国外企业进行的贸易活动进行分析。

例如，某一国内企业要出口一些产品给国外的客户，为了节省运输费用，该企业就和国外的一家公司签订了长期合同。该合同约定，该企业把货物运往国外指定的港口，然后由货代公司将货物发运到国外指定的目的地港口。在这个案例中，我们需要对以下几个问题进行分析：

（1）货代公司在整个运输过程中到底起了什么作用？

（2）货代公司是否有义务办理进出口通关手续？如果货代公司没有义务办理，那么货代公司是否有义务告知客户该货物的详细信息？

（3）如果货代公司没有履行告知义务，那么客户应该如何寻求法律救济？

（4）该合同约定该企业在进口设备时会遇到哪些问题以及如何解决？该企业又应该如何处理和客户之间的关系？

例如，某一国内企业要出口一些产品到国外市场，但是由于市场容量有限、原材料价格上涨等导致出口产品滞销。该企业如何通过销售自己的产品来缓解这些问题？

2.10.3　总结与点评案例

学生在案例讨论后，教师要切实进行总结点评。在总结点评时，教师需要注意以下几点，以确保点评的准确性、精炼性和恰当性。

第一，总结点评要"准"。这意味着教师在点评过程中需要准确运用相关的理论知识、概念和原理，确保点评内容与案例讨论的焦点紧密相关，切中要害。同时，教师还需要对学生的观点进行准确评估，既要肯定学生的正确论点，又要指出其分析中的不足，以便学生能够更加清晰地认识到自己的思考方向和方法是否正确。

第二，总结点评要"精"。教师在点评时要言简意赅，避免冗长的陈述和重复的表述。应该通过条分缕析的方式，将案例讨论中的关键点、争议点以及学生的表现进行清晰的梳理和归纳。同时，教师还需要注意时间控制，确保点评过程既充分又高效，不会影响到其他教学环节的进行。

第三，总结点评要把握"分寸"。教师在点评时要充分考虑到学生的感受，既要指出学生的不足，又要避免过于严厉的批评或指责，以免挫伤学生的积极性。同时，教师还要注重鼓励和引导，帮助学生树立信心，激发他们进一步学习和思考的兴趣。

通过准确、精炼且恰当的总结点评，教师不仅可以帮助学生深化对案例的理解和分析，还可以提升他们的分析推理能力和理论联系实际能力。更重要的是，这样的点评过程有助于培养学生面对类似贸易问题时寻找问题切入点和解决思路的能力，为他们在未来的学习和工作中积累宝贵的经验。

2.10.4　教师角色和作用

教师要改变传统的知识灌输者和知识传授者的角色，更多地充当引导者和组织者，组织学生通过小组合作的方式，探究问题、分析问题并解决问题。教师要学会在课堂上对学生们进行适当的引导，调动学生的学习积极性、主动性和创造性。在教学过程中教师要正确处理好案例教学法与传统教学法之间的关系，协调好二者之间的矛盾冲突。作为案例教学法的组织者和引导者，教师在案例教学过程中具有不可替代的重要作用，关系着案例教学的实施效果。

1.案例的选择和组织

案例选择应符合国际贸易与经济专业课程教学内容和培养目标，以及学生特点。同时，在选择案例时应注意符合现实经济环境和国际惯例，使案例具有典型性和代表性。

2.引导学生参与讨论

在案例分析过程中，教师应扮演好引导者、参与者、指导者角色，引导学生参与讨论，让学生成为教学过程中的主人。

3.组织课堂讨论

在案例分析结束后，教师应引导学生围绕案例展开讨论，组织课堂讨论可以采用课堂讨论、小组讨论和个人演讲等形式进行，充分发挥学生的主观能动性。

4.撰写教学总结报告

在课堂结束后，教师应组织学生对案例教学过程进行总结，分析问题产生的原因、解决问题的办法、教学效果等内容，撰写教学总结报告。教师要以高度负责的态度认真对待教学过程中的每一个环节，确保教学质量。

案例教学法在国际经济与贸易专业的教学中应用，可以调动学生学习的积极性，提高学生的参与意识，促进学生分析问题、解决问题的能力。但由于我国各高校对案例教学法的研究起步较晚，在具体应用时存在一些问题，如案例选择不当、教师对案例分析缺乏足够的重视、案例讨论过程不够有序等。因此，我们在推广案例教学法时，要不断探索、总结经验，不断提高教学质量。另外，案例教学法要想取得良好的效果，在具体实施过程中还应注意以下几个方面：一是加强对案例教学法的宣传和推广；二是加强师资队伍建设；三是充分发挥学生主体作用；四是建立科学、合理、规范的案例教学考评机制。只有这样，才能使案例教学法真正发挥其应有的作用。

2.11　案例教学法在国际经济与贸易专业教学中的具体运用：一个案例分析的示范

为进一步阐述案例教学法在国际经济与贸易专业教学中的具体运用，可以用下文的一个案例进行示范分析。国贸专业教学中"比较优势理论和竞争优势理论"作为国贸理论中的核心内容，常常成为教师讲解的重点。传统的教学方式往往从理论定义、发展历程等方面逐一进行阐述，尽管逻辑清晰，但学生往往觉得难以深入理解。因此，在教授这两个理论时，可能需要进行教学方法的创新。如果我们引用"中国为什么是世界制鞋大国而不是世界制鞋强国"这一经典案例来教学，效果应该会有所改善。这一案例既具有典型性，又具有新颖性和综合性，非常适合用于案例教学。案例将学生不感兴趣的理论与年轻人喜欢购买或者收藏的鞋子联系在一起，既能让学生了解中国经贸现状，又能明白理论的内容与应用，提升了课堂教学效果。

2.11.1　案例内容

中国作为世界公认的制鞋生产大国、贸易大国和消费大国，近年来，在制鞋产业上却被印度、巴西、越南等国家迅速追赶，使我国制鞋产业面临更加激烈的竞争。中国皮革协会数据显示，2010年我国年产130亿双鞋，约占世界总产量的65%，成为世界第一生产国。每年约有近百亿双鞋销往200多个国家（地区），出口份额达337亿美元（不含鞋材等），出口鞋类数量及金额分别占世界鞋类出口数量及金额的73%和40%，均位居世界首位，是名副其实的贸易大国。在世界鞋业论坛上，中国皮革协会做了"未来五年世界鞋业及中国鞋业发展趋势发布"的报告，中国年产量130亿双，劳动力成本是1.3～1.5美元/小时；印度年产量20亿双，劳动力成本大约是0.65美元/小时；巴西2016年各类鞋年产量近9亿双，劳动力成本大约是4.35美元/小时；越南2016年各类鞋年产量近8亿双，劳动力成本是0.48美元/小时。中国皮革协会的专业分析深刻指出，尽管从鞋业生产数量上看，其他国家在短期内难以取代中国作为全球制鞋大国的地位，但中国的制鞋产业在未来发展中仍面临着巨大的竞争压力。因此，中国必须加快结构调整和转型升级的步伐，摒弃过去依赖速度、规模和价格竞争的发展模式，转向注重质量、标准、技术、服务、创新能力和品牌影响力等更高层次的竞争方式。同时，专家们也强调了中国在发展皮革产业方面拥有众多优势，包括丰富的原料皮资源、高素质的劳动力队伍、低成本生产优势、完整的产业链、强大的加工能力以及庞大的国内市场等。然而，要想从制鞋大国迈向制鞋强国，中国仍需积极努力。

2.11.2　案例教学设计

在案例教学的实践中，教师首先指导学生深入阅读相关的案例材料。接着，教师可以提出诸如"为何中国是制鞋大国而非制鞋强国"这样的问题，激发学生运用比较优势理论和竞争优势理论进行深入的思考与讨论。这种以问题为导向的学习方式，强调以学生为中心，有效地锻炼了学生将理论知识应用于分析具体实际问题的能力。

学生可以利用他们之前学习的专业知识，提出个人的分析和解释。在此基础上，教师可以进行总结，并指出中国制鞋业尚未成为世界制鞋强国的根本原因在于尚未将比较优势成功转换为竞争优势。对于发展中国家来说，培育国家竞争优势尤为重要，尤其是在支持性产业和相关产业的发展方面。国际上有竞争力的产业通常得到了由一系列支持性产业和相关产业构成的产业集群的支持，而中国的许多产业在这方面存在不足。

2.12　国际经济与贸易专业教学应用案例教学法的注意事项

案例教学的基石和工具是理论教学，理论教学为分析问题提供了坚实的支撑，案例教学则有助于深化对理论教学内容的理解，两者相互补充，相得益彰。这样的教学方式让学生在快乐中学习，积极思考。然而，要确保案例教学的有效性，我们还需要关注以下几点：

1.案例教学只是众多教学方法中的一种，需要与其他教学方法相结合，才能发挥出最大的效果

每种教学方法都有其优劣之处，案例教学能够使学生更深刻地领会和灵活运用教学内容。在案例教学中，教师和学生都需要投入大量的时间和精力进行前期准备，通过前期的自主学习，能够对知识有更深刻的理解。对于案例教学来说，案例的选择不在于数量，而在于质量，应该注重案例的现实性、典型性以及与课程内容的契合度。为了生动展示案例教学的精髓，并在有限的时间内让学生全面理解内容，教师需要借助现代化的教学手段。

2.案例教学的运用必须紧密围绕所授课程的核心内容

以跨国公司经营与管理为例，我们在选择案例时，既要关注课程的重点内容，又要兼顾与其他专业课程及专业基础课的衔接。为了避免内容重复，我们需要结合该门课程的教学内容，突出其特色，选择既恰当又具有代表性的案例。例如，在讲授跨国公司的经营管理时，可以分析高露洁公司人力资源管理的特点，从而为中国企业跨国经营中的人力资源管理提供借鉴。

3.案例教学中应注重互动与内容深浅的平衡

教学的目标是培养学生的综合能力，转变学生被动接受知识的观念，鼓励他们主动与教师交流，甚至对相关问题提出质疑。这需要教师结合课堂教学与课外准备，通过师生互动，培养学生思考的习惯和求知欲。在教学过程中，教师应根据学生的反馈不断调整教学方法和手段。

4.案例教学过程也要强调育人的过程

在运用案例时，我们要避免以点带面、先入为主的倾向。应引导学生以客观、公正、宽容的心态看待世界经济、中国经济及跨国公司之间的关系。同时，通过案例学习，让学生体会做人的道理。在传授专业知识的同时，教师还应注重培养学生的综合素质和人格魅力，包括观念、道德、思维、能力等方面，从而帮助学生树立正确的人生观和价值观，增强社会责任感。

第 3 章
国际经济与贸易案例选择的原则

国际经济与贸易专业侧重于培养具有宽广的国际视野，通晓国际规则，能够进行跨文化交流，具有强烈的创新意识和责任意识的复合型人才。在人才培养过程中，案例教学具有将学习内容具象化、生动形象展示知识点、激发学习者学习兴趣、活跃课堂气氛等优势，对于国际经济与贸易专业相关课程具有很好的补充作用，可以辅助加强知识点加强实践性。

3.1 案例选择原则

国际经济与贸易教学案例的选择既要保证整个教学过程能够依托教学案例实现师生教学互动，又要满足案例教学理论性、系统性的学习要求。通过教学实践及理论积累，总结发现教学案例所应具备的目标服务性、理论典型性、类型多样性、知识融合性尤为重要。

3.1.1 目标服务性

不同的教学目标适用不同的教学方法，案例的选择应当服务于教学目标。针对理论性、基础性、原理性的知识点，可以选择在课堂上面对面进行知识点传授，反复强调重点理论，通过重复性练习不断加深对知识点的认知，通过案例教学进行知识的运用和扩展；针对实操性较强的知识点，可以选择依托教学案例进行拆解式讲解，把步骤细分到案例的各个部分，帮助学习者构建生动形象的知识网络，将知识点的实操方法具象化。案例教学法不仅是为了满足教学形式的多样性，而是要探究如何用更服务于目标的教学方法达到最优的教学效果。国际经济与贸易教学案例的设计主要服务于以下三种类型教学目标：第一，原理性、理论性等基本知识点的掌握；第二，基本知识点的延伸与拓展运用；第三，实操性较强的知识点的掌握。这些知识点并不是分割存在的，往往是相互交织的，因此，在进行案例选择的时候一定要强调案例与教学目标的对应性，选择具有较强目标服务性的案例可以更精准匹配知识点，达到更优的教学效果。国际经济与贸易教学案例的目标服务性可以从以下两个方面理解：

1.服务于教学内容

案例选择要服务于教学内容，主要强调案例选择要与所传授的知识点具有相关性。从最基础的要求来讲，案例选择要与教学内容相关是指在进行案例选择的时候，所选案例必须高度契合国际经济与贸易理论知识，能够突出教学内容，能够辅助实现教学目标。进一步来说，所选案例一定要围绕国际经济与贸易的教学重点和教学难点，通过案例教学，引导学习者更好地理解、掌握和运用国际经济与贸易理论知识，帮助学习者在学习重点知识和难点知识的时候厘清思路、化解障碍。教学案例应该与课程的教学目标相一致，选择那些具有较高的教学价值和可扩展性的案例，可以在案例基础上延伸拓展，进一步加深学生的理解。例如，如果教学目标是介绍国际贸易的基本原理，那么选择的案例应该涉及贸易理论、国际贸易政策等方面。如果教学目标是讨论国际贸易的实际应用和影响，那么案例可以涉及具体的贸易协定、贸易争端等。

2.服务于学习需求

案例选择要服务于学习需求，强调的是在进行案例选择的时候要综合考虑学习者以后的应用需求。学习者在学习的过程中，不仅要满足掌握理论知识的需求，也要满足未来实际工作和生活的需要。学生的学习水平和背景知识可能有所不同，因此教学案例应该覆盖多个层次和方面，以满足不同学生的需求。例如，可以选择一些基础的案例来帮助学生理解国际贸易的基本概念，同时也可以选择一些复杂的案例来挑战学生深入思考和分析。教学案例要能够强化教学内容的实践性，更好地满足学习者生活和工作需求，带动这种需求成为学习者探索性学习的内驱动力，引导学习者进一步进行对知识的追踪和探索。在进行案例选择的时候，要考虑到案例是否贴近生活，是否容易引发学习者对知识点的共鸣。案例最好能够衍生出更多的教学内容和学习活动，使得案例教学更加丰富多样。

3.1.2　理论典型性

理论典型性要求具有特殊性的国际经济与贸易个案能显著代表或反映现实生活中的事件或问题。国际经济与贸易是经济原理、国际分工规律、贸易规则的结合，并具有较强实践性的课程体系。各个知识点的相关案例非常多，同类案例也是数不胜数，在进行案例选择的时候，应当选取能够契合国际经济与贸易专业教学重点，具有理论典型性的案例作为教学案例，以增强教学案例的知识教育性和训导性价值。案例既要符合课程教学目标的要求，又要能够触发学习者对继续深入探索经济理论知识的兴趣。案例是真实反映个体或组织所经历事件事实的有意截取，是传递有针对性的教学意义的有效载体。案例是普遍存在的，在选取案例的过程中，要时刻把握案例所体现的内容，确保对当前知识点的教学具有较强的针对性，能够对教学起到辅助作用。

3.1.3 类型多样性

教学案例类型多样可以更好地实现教学目标，对教学案例进行不同类型的设计，可以提高对知识点的阐释和辅助作用，并且辅助学习者更好地掌握知识点和理解案例所表达的信息内容，引导学习者把精力集中于与教学目标相关的重要思想、论题和问题上，从而提高案例教学的质量。在国际经济与贸易教学中，加深学习者对理论知识的理解程度，强化学习者运用理论知识解决实践问题的能力，提升学习者对理论知识进行进一步拓展分析的兴趣都是非常关键的。学生的学习水平和背景知识可能有所不同，因此教学案例应该覆盖多个层次和方面，以满足不同学生的需求。例如，可以选择一些基础的案例来帮助学生理解国际贸易的基本概念，同时也可以选择一些复杂的案例来挑战学生深入思考和分析。进行案例选取和编写的时候，要求采取不同的编写类型。有些案例侧重用生动而不失真的方式引出知识点，在进行了一段叙述或故事之后，设置引发思考的练习题，通过引导学习者主动体会某种情景或理解某个事件的方式引入重要知识点和概念；有些案例侧重对知识点进行深入剖析，在理论性很强的知识点和概念讲解完之后，通过案例分析将晦涩的理论知识融入更通俗易懂的案例中，通过分解式的案例剖析强化学习者对知识点的理解；有些案例侧重对知识点的延伸，通过探究式的描述方法编写案例并抛出需要深入思考解决的问题，诱发学习者对知识点进一步探索的愿望，推动学习者对本理论知识点和相关知识进行兼具深度和宽度的探索。本书在进行案例选择的时候，主要选择以下四种类型的案例：

（1）选择国际经济与贸易相关知识领域长期传承下来的具有事件普遍性和代表性的国内外经典案例。因为经典案例在传承过程中具备了脉络清晰、内容充实、知识点匹配度高等特点，具有较高的案例价值。

（2）选择国内外知名的国际经济与贸易领域所发生的重大事件。这些事件往往可以突出表现某个理论专题所涵盖的知识点，并且其处置方式可能对生产、生活产生较大影响，也会对后续同类型事件的处理具有一定指导意义。

（3）选择在社会上引起了普遍关注的国际经济与贸易领域大事件作为案例进行
编写。这类大事件容易在整个学术领域引起关注，学习者可以从各类渠道获取案例
相关资料，容易激发学习者对案例分析和追踪学习的兴趣，达到用案例拓展知识的
目的。在选择案例的时候也要关注案例是否具有生动故事性和情感色彩性，是否能
够引发学生的情感共鸣和思考，最好通过真实的案例故事，可以让学生更加深入地
理解贸易中的人文和社会因素。

（4）选择最新的具有典型性的国际经济与贸易事件进行案例编写。具有较强时
效性的案例可以促进专业知识与时俱进，强化学习者运用专业知识解决最新国际贸
易问题的能力，同时引导学习者关注国际经济与贸易的最新发展趋势。

3.1.4　知识融合性

在国际经济与贸易案例的选择时侧重提高案例与知识的融合性，重视所选择
案例是否可以让学习者具备较高的参与度。所选择的案例要在设计与书写时可以将
知识点和案例内容充分融合，不能生搬硬套，还要满足学习者的阅读能力和阅读需
求。案例与知识的充分融合要体现在案例的选择和编写都能引导学习者对所学知识
产生充分的思考。在进行案例选择和设计的时候，侧重选择容易引发学习者共鸣的
案例，采用通俗易懂的语言表达方式，用生动有趣的故事阐述案例内容，引起学习
者的积极响应，提高学习者阅读和分析案例的兴趣，大大提升案例教学的效果。优
秀的教学案例一定要故事曲折，逻辑清晰，引人入胜，能够让学习者产生强烈的阅
读兴趣，激发学习者对故事的探究愿望。在进行案例选择的过程中，要把案例故事
发展脉络分阶段进行把关，确保案例中有故事性的起伏，有一些突出的重要转折
点，可以收集到较为完整的数据性资料，形成一份既通俗易懂又能使学习者有较高
参与度，具有较强可读性的案例，提高学习者的阅读兴趣。

瑞士心理学家皮亚杰认为，学习不单是知识由外向内的转移和传递，更是学习
者主动构建自己知识经验的过程。也就是说，学习不仅是为了让学习者接受知识，
更要让学习者的个体经验得到提升。国际经济与贸易案例的选择需要考虑到学习者
是否能够通过案例来获取经验知识，使知识更加直观、形象，更易被学习者理解和
使用，做到有效提升学习者学习主动性，引导学习者主动获取知识、构建知识、探
索知识，提高学习者高效运用知识的能力。在提高国际经济与贸易案例选择知识融
合性时，具体需要做到：

（1）所选案例有情境，可模拟。国际经济与贸易案例的选择应具备时间、地点、发展脉络、矛盾冲突等关键要素，学习者代入企业视角去思考案例中的事务，通过思考去运用所学知识解决案例中出现的问题，寻求合理的解决途径。

（2）所选案例有深度，可研究。国际经济与贸易案例的选择必须有深度，值得进一步探讨研究。在选择案例的时候摒弃过于简单浅显的案例，保留具有一定学术研究价值和研究空间的案例，促使学习者可以通过对案例事件的追踪调查和文献资料的持续充实，进一步对案例进行综合分析、判断、推理，在持续思考和讨论的过程中对知识产生更加深刻的理解，提升学术素养。

通过综合考虑以上详尽原则，选择国际经济与贸易教学案例时可以更全面、深入地考虑案例的各个方面，确保案例的质量和教学效果达到最佳状态。

3.2　案例选择标准

案例在服务于教学的时候是通过对一个具体情景的描述或者多个具体事件的串联，引导学习者对这种典型、特殊事情的情景和情况进行思考和讨论的教学方法。在国际经济与贸易教学的案例编写和使用中，要结合教学目标和教学任务，结合学情特点，基于一定的原则合理选择案例，这样才能更好地促进课堂交流，构建良好的案例学习环境，促进知识点的讲解和吸收，提升学习者分析和解决问题的能力。在进行案例选择时，要切实掌握国际经济与贸易专业学习者的学情特点，有针对性地选取匹配专业知识点的典型案例。在选择国际经济与贸易案例时，可以考虑以下标准：

3.2.1　案例的代表性

案例的代表性是指选择在特定领域或行业内具有代表性的案例，能够更好地反映国际经济与贸易情况，能够为学术研究、政策制定和企业经营提供重要参考。在选择具有代表性的国际经济与贸易案例时，应当考虑以下因素：

（1）行业代表性。选择在行业中具有代表性的企业案例，能够更好地反映该行业内的国际贸易状况。例如，对于汽车行业来说，可以选择如美国与日本之间的汽车贸易争端等代表性案例，来探究国际汽车贸易的问题。

（2）地域代表性。不同地域之间的贸易关系存在差异，因此选择地域代表性的案例能够更好地反映各个地区的贸易特点和政策方向。例如，可以选择欧盟与非洲国家之间的贸易协议作为案例，来探究欧洲与非洲的贸易关系。

（3）时间代表性。不同时间段内的贸易关系也存在差异，因此选择时间代表性的案例能够更好地反映各个时间段的贸易特点和政策方向。例如，可以选择中国加入世贸组织后的贸易关系作为案例，来探究中国加入世贸组织后对中国贸易政策和国际贸易体系的影响。

（4）公众关注度。选择公众广泛关注的案例能够更好地引起读者的兴趣，增强案例的说服力和可信度。例如，美国与中国之间的贸易摩擦，受到了全球范围内的广泛关注。

选择具有代表性的国际贸易案例可以更好地展示该领域或行业的贸易形势、政策方向和趋势，有助于学习者、政策制定者和企业经营者更好地了解国际贸易的运作方式和规律，为其研究和决策提供重要参考。

3.2.2　案例的实用性

案例的实用性是指要尽量选择那些可以提供实用价值的案例，例如所选择的案例可以为贸易谈判、海关监管、合同纠纷等实际问题提供指导性的经验和教训，具有实际应用的价值。从案例的实用性出发，在选择国际经济与贸易案例时，应当将相关性、典型性、实践型、教育性、指导性作为重要考量要素。

（1）相关性。所选择的案例应当与实际问题密切相关，能够为实际问题提供指导性的经验和教训。例如，企业在国际贸易过程中遇到的合同纠纷可以选择具有代表性的国际仲裁案例作为参考，以指导企业避免合同纠纷。

（2）典型性。所选择的案例应当具有典型性和代表性，能够为广大贸易从业人员提供借鉴和参考。例如，国际贸易中的防范性关税和反倾销措施案例，可以使企业避免因防范性关税和反倾销措施带来的风险。

（3）实践性。所选择的案例应当有实践性，能够为贸易从业人员提供具体的操作指导。例如，如何避免贸易争端、如何申请反倾销调查等案例，能够为企业提供具体的实践经验。

（4）教育性。所选择的案例应当有教育性，能够为贸易从业人员提供启示和教育。例如，如何理解国际贸易规则、如何遵守国际贸易规则等案例，能够为贸易从业人员提供相关的教育和引导。

（5）指导性。所选择的案例应当有指导性，能够为贸易从业人员提供具体的指导和建议。例如，如何制定国际贸易策略、如何预测国际贸易形势等案例，能够为企业提供相关的指导和建议。

选择具有实用性的国际贸易案例可以为贸易从业人员提供具体的实践经验和指导，能够为其解决实际问题提供有益的参考和借鉴，有助于提高企业的经营效率和贸易竞争力。

3.2.3　案例的可获取性

案例的可获取性是指所选择的案例是否能够在可接受的时间范围内获取到，并且相关信息是否完整、准确、可靠，是否可以进行深入分析和研究。在选取案例的过程中，可以从以下维度考量案例是否具有可获取性：

（1）信息来源。所选择的案例应当有明确的信息来源，可以从官方渠道、商业数据库、学术期刊等渠道获取到相关信息。例如，世界贸易组织发布的争端解决案例、商业数据库中的贸易纠纷案例，或者是行业典型跨国公司的相关经营案例等。

（2）准确性和可靠性。所选择的案例应当保证信息的准确性和可靠性，能够为分析和研究提供可靠的数据和信息，案例中的数据和事实应当经过验证和核实，确保其准确性和可靠性。

（3）时间范围。所选择的案例应当在可接受的时间范围内获取到，以便及时分析和研究。选择案例的时候，尽可能聚焦最近几年的国际贸易案例，虽然很多经典案例具有很强的指导意义，但大部分时间较为久远的案例可能已经失去了指导意义。

（4）可分析性。所选择的案例应当具有可分析性，能够进行深入的分析和研究。案例中的事件应当有明确的经济、政治、法律等方面的因素，可以进行多方面的分析和研究。

（5）相关性。所选择的案例应当与当前的国际贸易形势和企业实际需求密切相关，具有现实意义。例如，针对当前世界贸易保护主义上升的趋势，选择相关的国际贸易案例，有助于企业了解世界贸易形势和制定相应的贸易策略。

选择具有可获取性的国际贸易案例需要综合考虑案例的信息来源、准确性和可靠性、时间范围、可分析性、相关性等因素，以确保所选案例具有分析价值和实用性，能够为学习者提供有益的参考和借鉴，有助于提高企业的经营效率和贸易竞争力。充分考虑到案例教学需要相关的教学资源支持，选择那些相关资料和信息相对容易获取的案例。这样能够保证教学过程中有足够的素材和参考资料可供使用，提高案例教学的效果。

3.2.4 案例的新颖性

在选择国际经济与贸易案例时，新颖性是一个重要的考虑因素。新颖的案例可以为人们提供新的思路和方法，推动国际贸易的发展。新颖性通常具有以下特质：

（1）独特性。所选择的案例应该是独特的，具有其他案例所不具备的特点和优势。例如，某些具有特殊经济体制和政策的国家所实施的贸易政策案例可以为其他国家提供全新的贸易思路。

（2）先进性。所选择的案例应该是先进的，具有当前最先进的技术、经验和理论成果。例如，某些最新的国际贸易技术和管理案例可以为企业提供创新的思路和方法，推动贸易发展。

（3）颠覆性。所选择的案例应该是颠覆性的，即能够颠覆传统的贸易观念和模式。例如，某些新型贸易模式和创新的商业模式可以为企业提供颠覆性的思路和方法。

（4）实践价值。所选择的案例应该有实践价值，能够为企业提供具体的操作方法和实用的工具。国际经济与贸易案例的选择可以是典型的跨国公司贸易活动，也可以是与当今国际贸易形势密切相关的案例，例如，可以选择最新的贸易政策变化、贸易战争、国际市场的新趋势、某些创新的国际贸易服务等案例，以便学生能够了解最新的贸易动态并将理论知识与实践相结合。

（5）可行性。所选择的案例应该是可行的，能够在现实中被实际应用和推广。例如，某些创新的贸易模式和服务案例已经在实践中被证明是可行的，可以为企业提供实际的指导和借鉴。

选择具有新颖性的国际贸易案例需要考虑案例的独特性、先进性、颠覆性、实践价值和可行性等因素。选择这样的案例可以为学习者提供新的思路和方法，推动国际贸易的发展，促进企业的创新和发展，同时也为国际贸易领域的进步做出贡献。

3.2.5 案例的可比性

在国际贸易领域，比较研究是一项非常重要的工作。国际贸易经常通过对不同国家和地区的贸易政策、贸易模式和贸易环境等方面的比较分析，揭示各个国家之间的差异和联系，为制定贸易政策和开展贸易活动提供参考和借鉴。因此，在选择需要对比的国际贸易案例时，可比性是一个重要的考虑因素，具有可比性的案例可以为比较分析提供基础数据和实证研究的支持，为国际贸易研究提供有力的支持。需要对比的国际经济与贸易案例通常需要具备以下特征：

（1）目标市场的相似性。选择的案例应该具有类似的目标市场，即处于相同或相似的地理位置和文化环境。例如，选择中国和印度这两个发展中国家进行比较研究，它们在人口规模、经济发展阶段、文化传统等方面具有相似性，可以提供更准确的比较数据和结论。

（2）产业结构的相似性。选择的案例应该具有类似的产业结构和发展阶段。例如，选择欧洲和美国这两个发达地区进行比较研究，它们的产业结构和发展阶段相似，可以提供更有针对性的比较数据和结论。

（3）政策环境的相似性。选择的案例应该处于类似的政策环境下，即具有相同或相似的贸易政策和经济政策。例如，选择欧盟和北美自由贸易区这两个区域进行比较研究，它们的政策环境相似，可以提供更具可比性的比较数据和结论。

（4）研究方法的一致性。选择的案例应该采用相似的研究方法和指标，以确保比较分析的一致性和可靠性。例如，选择相同的数据来源和计算方法进行比较研究，可以提供更准确、可靠的比较数据和结论。

在选择具有可比性的国际贸易案例时，需要结合具体研究目的和分析进行综合考虑。同时，需要注意比较分析的方法和技巧，以确保比较研究的有效性和可靠性。

3.2.6 案例的价值性

选择具有价值的国际贸易案例需要考虑案例本身的影响力、理论与实践应用价值等因素。影响力取决于案例本身的重要性和影响范围、在理论和实践中的推广和应用情况等因素。选择具有影响力的国际贸易案例时，应当重点考虑其影响范围和价值大小：首先，所选择的案例应当具有广泛的影响范围，即在不同的国家、地区和产业中都具有影响力，在国际贸易领域中具有显著的影响和地位。例如，某些国际贸易组织的争端解决案例、对国际贸易规则的修改和变革等案例都具有较强的影响力，其影响范围也较大。其次，所选的案例应当具有一定的理论价值和实践应用价值，既可以为理论知识的传播与理解提供一定的帮助，又可以为企业提供实际的指导和借鉴，为国际经济与贸易学科的发展做出贡献。

3.2.7　案例的深入性

选择有潜质进行深入挖掘的案例，可以更好地展现贸易背后的经济、政治、文化等方面的因素。在国际经济与贸易领域，选择具有深度的案例是非常重要的，因为它可以提供更深入、全面、系统的分析和研究，更好地揭示国际贸易的发展趋势和规律。具体而言，选择具有深入性的案例需要考虑以下几个方面：

（1）研究对象。在进行国际贸易案例选择的时候，要考察研究对象是否具有重要性和影响力的国际贸易问题或事件。

（2）数据质量。在进行国际贸易案例选择的时候，要有针对性地选取具有深度的案例需要充分考虑数据的质量。数据质量的好坏直接影响着研究的可靠性和有效性。

（3）研究方法。案例选择不仅是针对案例的内容，同时也要考虑选择什么样的研究方法分析案例。具有深度的研究需要采用合理的研究方法和技术，以获得更全面、深入、系统的研究结论。

（4）研究角度。具有深度的研究需要具有独特的研究角度和视角，需要挖掘研究对象的内在特点和本质规律，以获得更具深度的研究结论。国际经济与贸易的案例经常要针对某个国家的贸易政策进行深入研究，这就需要从该国家的历史、政治、文化、经济等多个角度进行分析，以揭示该国家贸易政策的深层次原因和规律。

3.3　案例选择偏差分析与矫正建议

3.3.1　案例选择的偏差分析

在全球化的时代背景下，国际贸易已经成为连接各国经济的纽带，对于促进经济增长、技术创新和资源配置起着至关重要的作用。然而，选择一个合适的国际经济与贸易案例并不是一项简单的任务，它需要考虑诸多因素，如行业重要性、地域来源、时效性和信息可靠性等。国际经济与贸易案例选择是进行案例编写必须面对的重要问题。虽然理论上选择一个好的案例能够帮助学习者更好地了解国际贸易的现状和发展趋势，但是在实际操作中，很容易出现各种偏差。本书将分析可能出现的偏差，并提供相应的建议以矫正这些偏差。

1. 价值偏差

案例选择中的价值偏差，主要表现为过度注重案例的新闻价值而忽略理论价值，过度追求具有较高"热度"的事件，缺乏对案例本质研究价值的探究。国际经济与贸易学科是对理论要求较高的一门学科，选取案例的理论价值才是实现案例教学目标的落脚点所在，充分的理论价值能够促进学习者将所学理论运用于社会实践，并在此过程中进一步加深对相关理论知识的理解，从而成为实现案例教学目标的必备条件。

2. 经验偏差

编写者在选择案例时，可能会受到自身知识水平的限制，导致对于国际贸易的认识不够全面和深入，选择的案例可能存在误判。抑或受到过去经验和习惯、自身的偏好、主观意见和利益诉求等因素的影响，导致对新的情况难以做出正确的判断，偏离客观事实。例如，编写者可能会倾向于选择已经成功的案例，而忽略失败的案例；或者可能更倾向于选择与自己国家相关的案例，而忽略其他国家的情况；也有可能编写者仅仅依据案例表面的现象进行选择和分析，而忽略深层次的因素和规律。

3. 数据偏差

在进行案例选择时，可能会受到数据的局限性和不完整性的影响，导致所选择的案例不能代表整个国际贸易市场的状况。编写者可能面临数据获取不全面，仅凭官方数据选择案例，而忽略非官方渠道的信息等问题。选择的案例缺乏可追溯的来源和可靠的信息可能导致分析的不准确和不可信，从而影响对国际贸易问题的深入理解。信息的不可靠性可能会造成误导或偏颇的分析结论，影响对国际贸易问题的准确把握。在选择案例时，应确保其具有可追溯的来源和可靠的信息，以提高分析的准确性和可信度，避免对国际贸易问题的误解和偏颇。

4. 时效偏差

选择一个具有时效性的案例可以更好地吸引公众的关注，但忽视时效性可能导致人们对国际贸易议题的关注度不高。忽视时效性可能会限制人们对当前贸易议题的了解，影响对国际贸易现状的准确把握。在选择案例时，应优先考虑那些具有时效性的案例，如最近发生的贸易争端或协定谈判，以引发公众的关注和讨论。

3.3.2　案例选择偏差的矫正建议

在国际经济与贸易案例选择中，可能出现价值偏差、经验偏差、数据偏差和时效偏差等问题，这些偏差会对案例的科学性和实效性产生不利影响。为了矫正这些偏差，编写者应该加强对案例的全面了解，培养科学的选择思维，加强对国际贸易的研究和分析。

1.加强对案例的全面了解

为了避免知识偏差和数据偏差造成的影响，编写者应该加强对国际贸易市场的全面了解，包括不同国家和地区的贸易情况、贸易规则和政策等方面的信息。同时，编写者也应该尽可能地获取多渠道的信息，比较不同数据来源的差异性和一致性，以确保所选择的案例具有客观性和代表性。在进行国际经济与贸易案例编写时，鼓励选择来自不同地区的案例，展示国际贸易的地域多样性，促进人们对全球贸易格局的全面理解，为公众提供更加丰富和多元的信息来源。

2.培养科学的选择思维

为了避免经验偏差和知识偏差的影响，编写者应该培养科学的选择思维，尤其是在对涉及国际贸易政策内容的案例进行选择时，需要更加注重科学性。具体来说，应该做到：首先，在选择案例时，要注重考虑代表性，尽可能多地获取各个国家和地区的案例，包括成功和失败的案例，避免经验偏差的影响；其次，在分析案例时，要注意从多个角度进行分析，如市场规模、产品结构、贸易伙伴、政策环境等因素，以尽可能避免数据偏差造成的影响；最后，在制定政策时，要注重科学性和时效性，充分考虑不同因素之间的相互影响和协调，力求有效降低案例选择偏差的负面影响。

3.加强对理论知识的研究与分析

为了提高对国际贸易的认识和理解，编写者应当加强对学科理论知识的研究和分析，包括了解国际贸易的历史和发展趋势，掌握国际贸易的基本理论和政策，深入了解各个国家和地区的贸易情况和政策。同时，编写者也应该加强对国际贸易前沿知识的研究和分析，关注新兴的贸易模式和业态，了解新技术和新政策对国际贸易的影响，以及未来的发展趋势和变化。通过加强对国际贸易理论知识的研究和分析，从多个角度进行分析和评估，尽可能地减少主观因素的干扰，更好地对案例进行选择和编写，为学习者提供更优的案例学习体验。

4.确保信息严谨可靠

在进行案例的选择与编写时，提倡选择具有时效性的案例，如最近发生的贸易争端或协定谈判，以引发公众的关注和讨论，从而促进对国际贸易现状的深入了解和准确把握。强调选择具有可追溯的来源和可靠信息的案例，以保证分析的准确性和可信度，避免造成误导或偏颇的分析结论，为公众提供可靠的分析信息。

选择一个合适的案例对于理解和研究国际经济与贸易至关重要。通过克服偏差，选择合适的案例，可以更全面地了解全球贸易的复杂性和多样性，促进对国际贸易议题的深入思考和讨论。在进行案例选择与编写时应该持续关注国际经济与贸易领域的发展，不断完善案例选择的方法和标准，提高对全球贸易的理解和认识水平。

第 4 章

国际经济与贸易教学案例的编写

4.1 教学案例编写的原则

4.1.1 理论与实践相结合的原则

案例教学的首要原则就应该是培养学生理论与实践相结合的能力。国际经济与贸易是一门理论性和实践性都非常强的课程，这就要求在培养学生的过程中，不仅要重视国际经济与贸易理论的学习，还要注重理论知识在实践中运用能力的提高。但是，在传统的教学中比较重视理论知识的讲解，而忽略实践能力的培养，因此如何使理论学习与实践能力相结合成为国际贸易课程进一步改革和发展的重要内容。基于此，将案例教学引入教学中，编写案例时要注意从理论出发，引导学生通过案例运用所学的理论知识，去分析解决实际国际贸易问题，从而提高学生对实际问题的思考能力和解决能力。

4.1.2 教学设计与课堂互动相结合的原则

案例编写要注重案例的教学设计与课堂互动相结合。案例编写中要注重案例的实际教学设计环节，其中要明确教师和学生在案例分析中所扮演的角色，如何实现学生和教师在课堂的互动。案例编写原则让教师成为案例分析的引导者，提出案例分析的问题并引导学生思考问题，帮助学生进一步解读问题。学生则是案例分析的积极参与者和分析者，让教师和学生在案例中有不同的角色并且在整个过程中有交流有互动。比如，在国际贸易政策措施的讲解中，通过引入当前国际市场上使用的技术贸易壁垒、绿色壁垒等案例，在教学设计环节中以案例导入课堂内容，在基础知识讲解之后，教师提出为什么使用这些措施、这些措施使用的特点及效果，通过案例让学生去分析回答相应的问题，使学生成为问题的解读者、分析者和拓展者。最后，教师对学生的回答进行总结和提高。因此，通过案例的教学设计，让学生和老师在课堂互动，提高学生对国际贸易相关知识的认识和学习积极性，并且实现翻转课堂。

4.1.3　案例设计与学科特点相结合的原则

国际贸易教学案例除了要符合一般教学案例的特征外，还应满足国际贸易课程的特殊需要。首先，案例设计要注意国际性和国际视野的分析。在案例编写和设定的过程中要充分考虑和注意国际背景、国别特点等内容分析与描述，这样才能让学生从国际视野去理解和分析国际贸易案例。其次，案例设计要注意经济学分析手段和思路。最后，案例设计要注意案例的时代性与时效性分析。随着国际贸易的飞速发展，其涉及的领域越来越广，出现的问题也越来越复杂，国家的对外经济政策也会随着情况的变化而调整，国际贸易发展具有非常强的时代特征。因此，在国际贸易案例分析和设计中要注意案例设定的时效性和国际政策发展的最新特点。

4.1.4　案例编写与教学目标相结合的原则

案例教学以复杂的案例情境做背景，在编写国际贸易案例的过程中，要具有明确的教学目标。明确的教学目标是案例编写的基础。因此，一方面，编写的国际贸易案例是以国际贸易课程的理论知识和应用为出发点的，案例要实现的是相应理论知识在实际中的应用情况，不能让案例脱离国际贸易理论基础，这样才能实现对应的教学目标。另一方面，案例编写内容不宜过于庞杂，要针对教学目标进行筛选和凝练，使每一个案例和国际贸易每一章节教学内容相对应，有明确的案例实现的目标。

4.2　教学案例编写的过程

为保证案例教学法的顺利实施，首先应当重视案例的编写工作。国际贸易教学案例的编写工作是一项系统性工作，需要遵循一定规律，按照一定程序展开。编写国际贸易教学案例的主要步骤大致可以分为：确定案例的主题、收集整理案例素材、草拟案例初稿、案例修正与试用。

4.2.1　确定案例的主题

明确案例主题应紧扣国际贸易专业的培养计划与教学内容。开展国际贸易教学案例的目的是使学生加深对国际贸易理论知识的理解与掌握，提高运用理论知识解决实际问题的能力以及形成对国际贸易和经济环境的宏观认知。因此，所选案例主题必须贴近社会生活，符合教学内容，要以教学目标为导向，针对每一章节的重点、难点与疑点，合理编写案例，并确保案例具有针对性、典型性、可分析性与启发性等特征。

4.2.2　收集整理案例素材

确定案例的主题之后，就要围绕这一主题去收集并整理案例素材，这是案例编写过程中重要的基础性工作之一。实际上，真实发生的国际贸易案例相当多，获取案例素材的途径也日渐丰富，国际组织和国内相关部门的平台和网站都有相应的素材。编写者还可以通过访谈与实地调查的形式获取一手资料，通过文献法、观察法、问卷法等方式对案例素材相关信息进行收集、补充和完善。

面对大量的案例素材，编写者需要耗费大量的时间和精力在案例素材的整理和选取上。选材的主要难点有二：第一，如何判断材料的真实性。由于素材信息量大、来源渠道广，甄别工作相当艰巨。通常的做法是以官方和主流媒体为主。第二，如何筛选有用信息。当选好一个国际贸易案例主题并且进行材料收集时，会发现可获得资料的数量十分庞大、同一事件被多次引用，因此如何对信息进行筛选以及提炼关键信息就变得尤其重要。通常的做法是明确案例素材与教学课程的哪些内容相联系，并提取该素材中的关键信息，以确定能应用的基本理论和分析的依据，为后续的案例编写工作做准备。

在选择案例素材时要注意以下几点：第一，可信性。所选案例素材要来源于实践。编写者需要确保案例所要讨论的内容是国际贸易领域发生的代表性事件，是实务中常见却又复杂矛盾的问题，是源于实践又蕴含着相关理论的问题。第二，典型性。案例的典型性要求编写者紧密围绕培养计划与教学内容选编一些有代表性的案例素材，以达到通过案例讨论，学生能加深对国际贸易理论知识理解的目的。第三，启发性。这一特征要求国际贸易教学案例既能够叙述情况，又能够提出问题或引而不发的问题，引导学生进行深刻的思考。这就需要案例编写者在挑选案例素材时着重分析素材的可分析性与启发性。

4.2.3　草拟案例初稿

完成收集并整理案例素材阶段之后就可以着手草拟国际贸易教学案例的初稿，此阶段工作质量的高低会直接影响案例使用的有效性。草拟主体部分之前，先要对案例结构有整体的构思计划，根据编写案例的目标适当调整案例的结构安排（下一节再展开具体讨论）。主体部分的结构确定之后，对收集到的信息进行筛选，把恰当的信息安排在合适的位置上。草拟好的案例应进行多次审核修改，特别是要满足国际贸易教学案例的特殊性要求。具体而言，草拟案例初稿时需要考虑一些细节问题。以下就是在编写国际贸易教学案例初稿阶段需要注意的一些具体细节。

1.线索明晰，叙事简明

案例的叙述应按照一定的线索展开。按怎样的线索组织案例材料、叙述案例事实，使学生在分析案例时准确捕捉关键信息，这是编写者首要考虑的细节之一。根据叙事线索的不同，编写者在编写案例时通常可以采取三种结构形式：纵向结构、横向结构和交错结构。纵向结构以国际贸易案例事件的时间进程为线索纵向展开案例材料，适用于具有动态性、历时性特点的事件，便于交代事件演变的来龙去脉，揭示前因后果。横向结构则围绕国际贸易案例事件的核心问题，依据性质对案例材料做分类，以逻辑为线索横向叙述事件，适用于具有静态性、共时性特征的事件，便于分门别类、条理清晰地展示要素特点、共性特征以及经验教训等。交错结构将时间线索与逻辑线索两种叙事线索交错在一起，将纵向结构与横向结构综合应用，适用于篇幅较长、复杂多样的大型案例。面对三种不同的叙事结构，国际贸易教学案例的编写者应当根据案例主题与素材的特征选择合适的叙事结构。

不论编写者采取何种叙事结构，高效的叙述方式要求叙事语言尽量简洁明了，在叙事时始终围绕主题和线索展开，尽量减少重复信息出现的频率。此外，编写者还要注意陈述案例时应使用过去时和第三人称，这样能够在较大程度上还原案例的全貌，也能使学生在阅读案例时感受到案例的真实性。

2.反映全貌，突出重点

合格的国际贸易教学案例既能够反映国际贸易活动的全貌和特点，又能向学生全面而客观地提供与案例涉及对象相关的各种信息，只有这样学生才能对案例进行全面的分析研判并且提出解决问题的方式。同时编写者需要重点突出国际市场、国别对外贸易政策等关键信息，做到具体描述、详细分析，使学生在阅读案例时能够准确识别案例的重心，从而有的放矢、对症下药，做出高效的判断。

3.设置谜团，引而不发

教学案例具有探索性特点，案例编写者一般不宜站出来直接对问题进行评价、做出结论，而应将国际贸易专业的理论知识、见解融于案例材料的叙述之中。基于国际贸易理论知识在案例分析中提出相应的问题，设置谜团，让学生有兴趣去探索，并且留下更多思考探索的空间。

4.2.4　案例修正与试用

案例修正与试用属于案例定型的最后阶段，经过修正与试用后案例会变得更加精炼和完善。在这一阶段，应当首先从案例的纲目切入，重新思考整个案例的基本思路是否正确？结构安排是否妥当？必要信息是否提供充分？问题设置是否紧扣教学目标？只有当上述问题得到详细思考以及肯定回答之后，才能进入案例修正的第二阶段，即对具体的字、词、句的修正加工。当然，在案例的修正过程中，如果发现事先收集的案例素材有误，或提供给学生的信息不够明确充分时，可以根据案例编写目的的需要，对相关的素材信息进行修正和补充。

完成案例的初步修正之后进入案例的试用阶段。通过在不同的班级试用，并进行效用评价，并在此基础上进一步进行修正。案例编写者还可以咨询相关专家的意见，就专家建议对案例进行修正。同时，如果涉及具体的调研对象，也要征求被调查企业等有关人员的意见，反复修正。

同时要注意，案例的试用阶段是案例编写的重要过程。第一，要保证案例被不同的老师使用，并给予反馈，这样修正的信息才能更为准确。第二，国际贸易的相关政策和使用随着发展在不断变化，编写案例还应根据国际贸易的发展不断进行调整和更新，使国际经济与贸易案例具有时效性。

4.3　教学案例编写的要素

相比于传统性说明课文和教学技术，案例教学更具实践性、可信性和有效性，在教育界已被广泛认可和使用。国际经济与贸易专业具有较强的理论性、时代性和复杂性，因此提高学生的专业知识水平和实践能力是课程教学的重要目标，采用案例教学的方式十分适用。编写一个有效且完整的教学案例需要具备以下六个要素，分别是案例背景、案例主题、案例事件、案例结果、案例延伸以及案例评析。

4.3.1　案例背景

案例背景就是对案例事件发生的时间、地点、人物、起因等相关情况的叙述，将事件放在一定的时间和空间内，反映事件的社会文化等背景，也就是说事件发生的时间和地点是固定的，可以使学生对于案例事件的发生产生更加深刻的了解，将自己置于案例发生的情境中，更好地去思考人物所面临的困难。国际贸易教学案例背景包含的内容容量尤其大，比如不仅要包括一般案例中的时代背景、企业背景、人物背景等，还要包括国际市场、国别特征、国际贸易政策等具有国际视野的案例背景。案例编写者虽然不需要对案例背景的每个方面都做详细的描述，只需要把特定场景和与主题相关的背景叙述清楚，但是要使学生明白事件和环境的来龙去脉，尤其要明白国际背景和国别背景。

4.3.2　案例主题

案例主题就是这个案例所要反映的核心问题，也是这个案例想要反映的观点。案例是真实的，不允许篡改歪曲事实，但是写什么、怎样写都是由教学案例编写者决定的，同一个案例事件，侧重点不同，编写的角度不同，最终写出的案例也是不同的。在编写国际贸易教学案例前，编写者要明确国际贸易教学案例的主题，围绕案例主题对材料信息进行筛选，把所要突出的核心问题寓于故事情节中。对于国际贸易教学案例，则主要是围绕如今的贸易现象和贸易政策进行编写。

4.3.3　案例事件

案例事件是教学案例的正文，也是其主体，在叙述完案例背景后，就要围绕案例主题有重点地去叙述整个事件的来龙去脉，对于关键环节和情节要进行详细描述。案例事件是真实存在的，在编写案例时，对于事件要进行客观描述，不宜加入个人观点，要培养学生独立决策判断的能力。随着国际及国内相关平台和网络的建设和发展，国际贸易案例素材的来源越来越丰富，包括WTO、世界银行公开数据、中国一带一路网、中国贸易救济信息网等都提供了相当多的素材。为了提高事件的真实性，在选取案例材料时要以官方和主流媒体为主。

4.3.4 案例结果

编写国际贸易教学案例，不仅要叙述国际贸易事件背景，还要叙述案例结果，需要做案例教育手册，具体应包括老师学生的感悟、课堂教学的效果等，通过这个案例解决了国际贸易中的哪些问题，在具体分析中有何缺点，从而引发学生对国际贸易现象和相应的国际贸易政策变化进行深入思考。

4.3.5 案例延伸

在案例的最后提出 2~3 个有待继续讨论的问题，可以帮助学生更好地理解和利用案例，促进问题的解决。在案例后所提出的问题要紧紧围绕案例主题，且坚持正向教育的原则，给学生留有想象的空间，引导学生去独立判断，向更深层次思考。

4.3.6 案例评析

一个完整且有效的国际贸易教学案例对于其描述的案例事件和所围绕的主题一定要有分析和评论，可以在某种程度上深化对于这个案例的认识，做好这个部分，整个教学案例能够产生更大的社会价值和学术价值。案例评析可以由自己独立完成，也可以与其他人共同完成，可以邀请国际贸易学专家或者担任该课程的其他教师共同完成，对同一个论题进行多角度多方面的评析，开阔思路，引发其他人进一步探讨。由于个人能力有限，通过与他人共同讨论，可以针对案例中面临的困境提出不同的解决问题的途径，使行动方案更具实践性和操作性，让学生受益。

4.4 教学案例编写的结构安排

国际贸易教学案例的格式具有多样性，难以统一。下面我们分别从内容角度和叙述角度去分析国际贸易教学案例的结构安排。

4.4.1 内容结构安排

从国际贸易教学案例的内容角度来看，教学案例由标题、正文、附录三个部分组成。

1. 标题

一个好的案例需要有一个好的题目。国际贸易教学案例的标题不宜过长，如果案例内容太多，也可以添加一个副标题，正副标题搭配使用。正标题一般是提出自己的疑问或者提出一个具有吸引读者注意力的事件、地点、人物等；副标题则一般围绕着案例主题。案例标题的拟定还有很多技巧，比如巧用修辞、名言等，甚至是标点符号，增加案例标题的吸引力。

2. 正文

案例的正文内容包括案例背景、人物、故事情节及主题。每个教学案例都要有一个主题，在叙述清楚案例背景后，故事情节围绕主题展开，曲折有吸引力，同时也要突出主要人物，增加学生的代入感，以其身份参与到案例中。在展开对故事情节的描写时需要突出对困境的叙述，具体且详细，这也是国际贸易教学案例的关键，提供意外和变化，让案例中的主要人物面对困境，产生问题，推动学生去讨论，提出解决方案。国际贸易教学案例中的困境应突出现实与理论的冲突、政策与实践的冲突、进口商与出口商的冲突、出口商与银行的冲突等，这样可以使学生对角度有充分的思考，增加对国际贸易知识的理解与学习。

3. 附录

国际贸易教学案例的附录部分一般包括研究问题、评论、相关资料、活动以及教学提示等。研究问题包含了作者的研究成果。与国贸相关的专家和学者的评论可以提高学生分析问题的能力，增加对国贸相关知识的学习，初次编写难以有这样的评论，老师也可以通过多次教学进行总结，列作评析。资料来源和相关活动的开展可以提高案例研究的信度和效度。教学提示则包括教学学时安排、活动开展计划、对学生课堂表现和成绩的评论等。

4.4.2　叙述结构安排

从国际贸易教学案例的叙述角度来看，教学案例的结构安排可分为时间结构、叙述结构、情节结构、说明结构四种。

1. 时间结构

案例事件总是发生在特定的时间和空间内，且故事情节的发生都是有先后顺序的，编写者要明晰故事发展的时间顺序。一般来说，国际贸易教学案例可以按照时间结构来进行叙述，讲清事件发生的来龙去脉，但有时为了突出案例主题而侧重描写某个情节或者人物，也可采取倒叙的方式去进行写作。但总的来说，编写者要遵守时间结构的原则。

2.叙述结构

叙述结构简单来说就是用简单易懂且蕴含文学色彩的方式，按照时间顺序叙述，并在叙述时将事件与案例背景相结合。案例是真实客观存在的，但是在进行案例编写时，要紧紧围绕主题，将案例事件中的困境与曲折描述清楚。采取叙述结构编写教学案例可以增加课堂的生动性且通俗易懂，避免文章晦涩难懂和枯燥呆板使得学生注意力分散，课堂效率下降。

3.情节结构

情节结构就是采用生活化的手法对案例进行描述，在保证案例真实客观的基础上，加强案例事件的戏剧性，设置悬念，使案例变得活灵活现。激发学生对案例的学习兴趣，使其更加有效地代入案例事件所处的情境中，一起思考解决困难的方法。

4.说明结构

由于学生的接受能力有限，为达到课程学习的目标，在编写教学案例时要注重对细节的说明，由于学生不是经历这些事件的当事人，需要将社会背景、政策背景等描述清楚，只有讲述清楚后，学生才能比较容易明白事件发生的来龙去脉。同时还需要注意，案例的说明结构和叙述结构有时并不能同时满足，在编写案例前要进行适当处理。

在真正编写国际贸易教学案例时，这几种结构经常是相互交织的，比如在开头采取倒叙的方式叙述后来的事情，在后面又开始叙述早些时候的事；再如在叙述案例事件快到结尾时，又可以写局势反转的情节，增加悬念，引发学生思考。总之，在编写教学案例时要合理应用这几种结构。

4.5　教学案例编写注意的要点

以上四节从国际贸易教学案例编写的原则、过程、要素、结构安排等方面进行了介绍，最后总结一下国际贸易教学案例在编写时还需要注意的一些要点问题。

4.5.1　围绕教学目标设计案例

国际贸易教学案例需要始终紧紧围绕国际贸易每个教学内容设置的教学目标。案例是为案例教学需要而编写的，它应推动学生将国际贸易理论运用到现实问题中，要有助于提高学生思考国际经贸问题、分析国际贸易现实问题和解决国际经贸问题的能力。因此国际贸易教学案例编写（尤其是在问题与讨论的设置上）应注意启发、培养学生的国际视野和解决全球经贸问题的思维能力，帮助学生养成正确分析问题的能力，使其能够对国际经贸问题和事件做出正确的判断与决策。同时要考虑到学生所学的国际贸易理论知识与案例分析之间的关联度，编写难度合适的案例。

4.5.2　准确把握案例编写难度

案例教学既可以用于国际贸易理论知识的学习之后，用以加深学生对所学国际贸易相关知识点的理解，也可以用于国际贸易理论知识的学习之前，做启发性的铺垫。类型不同的国际贸易教学案例具有不同的复杂程度，类型相同的案例也有不同的国际贸易相关课程和内容的适用对象。

案例编写的难易程度是影响教学效果的重要内容，尤其是具有较复杂国际市场背景的国际贸易案例。如果案例编写较为简单，不能引起学生的思考和加深对教学内容的理解；如果案例编写太难，学生无从下手，也无法达到教学效果，无法实现教学目标。因此，国际贸易教学案例编写难度要充分考虑案例使用的学历水平、针对学生的能力水平以及对应的国际贸易理论知识部分的背景。

对此，在编写国际贸易案例时可以从两个方面把握国际贸易教学案例的难度：一是概念难度，即该案例所包含国际贸易专业知识点数量的多少，国际贸易理论深度以及是否跨学科等；二是分析难度，案例分析的背景、提出的问题是否能让学生理解。作为案例编写者，在国际贸易教学案例使用说明中对于案例的难易程度应该有所说明，并且有需要的话要有国际贸易专业知识和术语的简要注释，应该学会针对不同学生的情况选择适当难度的案例进行授课。

4.5.3　注意教学案例的篇幅

在具体编写国际贸易教学案例时，编写者需要注意案例的篇幅长短。受授课时数和课堂时间等客观因素的限制，不宜选择篇幅过长、环节过多、信息超量的案例。但实际上并没有一个绝对区间可以规范教学案例的字数，那么不妨从以下几个要点出发来考虑案例的篇幅问题。第一，教学的重点和难点问题。对于国际贸易相关课程教学中的重点和难点问题，尤其需要做进一步问题延伸和探讨的内容可以考虑相对长的篇幅的内容进行描述和分析，尤其是教学难点问题，可以用相对更多的描述进行分析。第二，案例在教学环节的运用。如果教学案例运用在课前进行引导和铺垫，在编写篇幅时就要考虑更为精炼和简洁，有助于引起学生短时间快速的思考和对相关问题的兴趣。如果教学案例运用在理论知识学习之后，此时的案例编写篇幅就应该更加丰富，这样才能让学生通过案例更好地了解到现实问题的情况，并且为学生在分析中提供分析依据和信息。第三，案例本身的难易程度。有些国际贸易案例本身难度较大，需要较多的篇幅叙述清楚该国际贸易案例的国际市场情况或者国际贸易政策的时代背景与问题，或者需要叙述情况复杂的相关企业面对的国际贸易条款等，这种类型的案例就需要较长的篇幅，否则会导致案例信息不全和国际贸易背景交代不清，使案例在教学中无法真正被使用。第四，教学案例使用的学生背景和对国际贸易知识掌握的程度。通过国际贸易专业不同的课程在教学中开设的学期以及学生对国际贸易知识掌握背景的不同来进行篇幅的判定。例如对于已经学习过国际贸易、国际经济学和国际贸易实务课程的学生，在编写中国对外贸易等这些后续课程时对于一些相对基础的背景和知识就可以考虑缩减一些篇幅。因此，国际贸易教学案例在编写时篇幅的问题是一个非常灵活和有针对性的问题，尤为要注意根据具体情况来进行判断。

4.5.4　关注教学案例的时效性

随着国际贸易的快速发展，国际贸易涉及的新变化、新发展、新动态越来越多，因此，国际贸易教学案例的编写尤其要注意其时效性和前沿性。为适应不断变化的贸易新形势，国际贸易案例编写一定要注意关注国际贸易发展的最新变化。如《国际贸易术语解释通则2020》对部分贸易术语做了不同程度上的更新，这就对案例编写者提出了更高的要求。新编案例要紧密联系现实需要，已编写的教学案例也要及时更新以适应新的环境。例如，在非关税壁垒的设置和国际上的使用中，进口配额、进口许可证的使用越来越少，而绿色壁垒、技术壁垒等的使用越来越频繁，那么国际贸易教学案例要紧跟时代的发展，针对绿色壁垒、技术壁垒等新的贸易壁垒措施使用情况进行案例的编写。

除此之外，各国对外经济政策也会随着情况的变化而调整，国际经贸问题在不断地发生变化和转变，因此案例分析必须参照最新的政策和最新发展情况来进行编写。在这种情况下，案例编写者也需要对国际贸易教学案例进行及时调整和更新，紧扣国际贸易发展前沿动态，增加案例的时代感与新颖性，有利于激发学生兴趣，提高学生的知识应用技能。

4.5.5　注意教学案例的叙述语言

高质量的国际贸易教学案例能够使学生身临其境，快速进入案例所营造的环境当中，并将理论知识与实践经验有机融合。教学案例虽然不是讲故事，但编写也要采取引人入胜的形式，激发学生进行案例讨论的兴趣。例如合理地引用数据和图表，既能提升案例的阅读效果，又可以增加案例的可信度。同时，在国际贸易案例编写中，要注意对案例只叙述不评论，避免带有主观色彩的语言对学生的思考判断造成影响，那么就需要编写者采取客观中立的表述方式，给学生留出对决策的选择、判断的空间，避免出现带有主观色彩的评价或暗示性结论等。

4.5.6　合理虚拟化

尽管案例编写需要秉承真实性的原则，但是在编写国际贸易教学案例时也存在需要虚构情节的情况，例如编写者应注意将案例的敏感信息（企业名称、当事人姓名、财务数据、知识产权等数据）加以掩盖和修饰，以确保信息来源的匿名性、数据的安全性以及对案例研究对象隐私的保护；又如编写者遇到素材获取方式受限但情节不可省略的矛盾时，就需要编造一些情节，但是要注意合理虚拟化情节并且保留案例问题的核心部分。

总之，案例教学法中案例的编写工作是个非常重要的环节，在一定程度上决定了国际经济与贸易专业案例教学法的效果。所以，要编写符合教学要求的国际经济与贸易案例，不仅要学习案例编写的理论和技巧，掌握案例编写的规律，而且还要求编写者在实践中不断地研究和探索，注意国际经济与贸易学科自身的特点，才能不断提高案例教学的质量和水平。

第 5 章
国际经济与贸易案例教学过程

5.1 课前准备与策划

5.1.1 案例教学的实施原则

案例教学的课堂是开放的、活跃的，强调学生在课堂中的主体地位，而教师的主要职责则是根据国际经济与贸易专业课程各章节内容选取合适的案例材料，提出问题，组织学生讨论，引导学生结合专业知识选取不同角度对案例进行分析，得出结论、启示，进一步激发学生的学习热情。为了达到良好的课堂效果，课堂组织过程中应遵循以下原则：

1.教师引导原则

案例教学的特点是利用生动的案例将晦涩难懂的专业知识形象化、具体化，优质的案例不仅能让学生更好地理解基础理论知识，还会激发学生对多学科知识的综合运用潜力。根据教育部金课"两性一度"的标准，课堂内容设计要体现"挑战度"，但有些案例编写，为了故意为难学生而在案例信息中渗入过多与解决问题无关的信息，干扰了学生的思路，使学生抓不到关键点，失去了深入思考的兴趣。这时教师要善于引导学生，学会抽丝剥茧，找到思考问题的切入点。

2.学生主体原则

以学生为主体的课堂，并不是盲目地把课堂随意交给学生就可以了，要想打造高质量的案例教学课堂，需要教师对课堂进行更严谨的教学设计。在案例教学中，重点是培养学生主动思考发现关键点的能力，而不是教师直接将答案告诉学生，替代学生学习。教学过程中，教师应该根据课堂教学的实际开展情况，及时调整教学内容、方式和流程。由于学生个体的差异性，教师可以安排多种形式的案例讨论方式让学生都有机会发表自己的观点和想法。在案例分析课中，调动学生参与的积极性，使他们变成案例教学活动的组织者、设计者、实施者。

5.2　教学准备

5.2.1　教师准备

虽然案例教学法强调以学生为中心，但教师作为课程的主要传授者，为了实现预计的课程效果，就需要对课程设计负责，做好课前准备。

1.掌握相关理论

教师若想提高课堂质量，就需要不断学习和掌握各类教学理论，在研究案例中，思考所选择的案例涉及的相关教育教学基本原理，设计各个环节。案例教学法虽然是比较成熟的教学法之一，但随着教学条件的改善以及学生素质的改变，教师可以在教学过程中实行多种教学法的综合运用。

过去的案例教学法，教师主要是在理论讲解过程中插入一些案例，案例对理论进行佐证，作为辅助材料存在。但随着高校课堂教学方式改革的普及，案例教学法的运用方式已经发生了明显的改变。国际经济与贸易专业教师可以将案例教学法与PBL教学法、五星教学法等其他不同教学法相结合，对案例教学课堂做出更合理的设计。

2.熟悉、了解学生

案例教学中，学生是课程活动的主体，学生参与的积极性决定了教学效果的好坏。学生参与程度与学生自己的学习态度和能力有很大的关系，而教师的引导也十分重要。熟悉、了解学生，会起到事半功倍的效果。一方面，可以在对进行学生分组时根据他们的差异进行合理搭配，另一方面，可以在案例讨论过程中根据学生性格特点给予更好的鼓励。

3.精心选择案例

案例选择时要注意以下几点：(1)案例应该贴近生活和实际情况，让学生更容易理解和接受。(2)案例应该有明确的教育目的和价值，能够帮助学生理解和掌握相关知识和技能。(3)案例应该具有代表性和典型性，可以代表一类或一类问题的典型情况，能够让学生深入了解问题的本质和实质。(4)案例应该有一定的难度和挑战性，可以促进学生的思考和探索，提高学生分析和解决问题的能力。(5)案例应该具有一定的时效性和关联性，可以反映当前的社会和教育问题，能够与学生正在学习的内容相互关联。

除以上所述，案例的形式还应多样化。如配一些简短的视频、表演等，可以让课堂更有活力。

4.认真研究案例

为了保证案例有深度有广度，教师首先要认真研究所选的案例，全面了解案例中包含的信息，对案例及其相关的行业信息、国家政策、国际环境等各方面均了然于胸。这样才能够保证在课堂上及时调动学生学习兴趣，纠正学生提出的错误信息，帮助学生理清各要素之间的联系，引导学生进行深入思考。为了保证教师吃透案例，最佳策略是教师在课堂教学实施前，能够写出自己的案例分析报告。

5.精心设计教学

在课前，教师要明确学习目标、教学重点难点。学习目标需要从三个层次来考虑，即知识、应用、价值观。活跃的案例讨论中一定要有观点交锋才能激起学生的参与兴趣，因此，教师对问题的设计要格外用心。可以采取投票、角色扮演、小组辩论等方式让学生对问题进行深层次思考与讨论。除了问题本身，教师还要思考如何安排问题顺序。先提什么问题，再提什么问题，其间需要有清晰的逻辑，通过从一个问题过渡到另一个问题来引导学生有条理地思考并得出结论。

5.2.2 学生准备

在案例教学法中以学生为主体，在教师引导下学生的积极参与是极其必要的，为了让学生更明确地了解课程的流程，需要提前向学生介绍案例教学法的模式、特点及教学安排。

1.组建学习小组

案例教学课涉及的案例材料相对更复杂，分析问题更严谨，所以教师通常会提前对班级学生按照"组内异质、组间同质"的原则进行分组。利用学习小组的形式，学生之间能够相互启发、补充，集中大家的智慧，共同解决案例难题。

学习小组的规模，不应当太大，一般 4~6 人为宜。小组规模小的优势：第一，小组规模小，每个学生在组内就显得都很重要，避免了大组时一部分学生"搭顺风车"现象，每个学生都需要在组内做出自己的贡献，可以更好地培养学生的团队合作精神。第二，小组的人数较少，教学过程中就无须花太多时间来组织小组，小组活动进行得更快，每个小组成员就有更多的时间来表达自己的意见。第三，小组规模较小，就更方便暴露学生一起学习时遇到的困惑，通过互相启发，头脑风暴，提高每个参与者对案例材料的理解。学习小组的方法不仅有利于提高案例教学的课堂教学效果，而且还有利于让学生意识到团队合作的重要性，培养学生的合作意识。

此外，每个小组还应该安排一个学习积极、管理能力较强、有责任感的学生当小组长，负责维持本组的纪律，统筹安排组内分工。

2. 认真阅读案例

案例教学课若想取得预计效果，需要学生在课前就能接触到案例资料，认真阅读案例。只有学生在课前对案例本身非常熟悉，了解和研究了案例之后，才能在课堂上更好地参与一系列教学活动。为了提高案例阅读的质量，可以注意以下几点：确定案例类型，复习专业课中涉及的相关理论；粗读、细读结合，附录图表也不放过；采取边读边标注的方法，提取重点信息。学生不仅要阅读老师发布的案例资料，还应该通过网络、图书馆、报纸杂志等多渠道了解案例的背景资料、发展过程等，为接下来的案例分析做准备。

3. 做好个人分析

虽然案例教学课是以小组形式组织和安排，但在小组集中讨论之前，学生应该对案例进行独立分析。个人分析案例的过程，同时也是个人创造性的学习过程。学生可以从以下方面入手分析案例：案例的主要观点是什么，主要观点明确吗？案例中包括了哪些专业课知识点？案例的参与者有几个，他们之间有什么联系？如何描绘参与者的行为，激发这些行为的动机是什么，在案例中有哪些信息材料可以支持我的观点？如果我是案例的主人公，如何更有效地把工作做到更好？这一案例能够给我什么启示？

5.2.3　设备准备

随着教学设备的现代化，良好的硬件设施可以使教学内容更加生动、丰富。完善的硬件设施能够帮助教师在组织国际经济与贸易专业案例课中方便落实各种教学活动、展示案例信息、吸引学生注意力。国际经济与贸易案例教学的硬件设施需求主要分为以下两个方面。

1. 国际经济与贸易案例教学教室

案例教学重在教师的引导以及学生的讨论，这就要求国际经济与贸易案例教学应该采取小班教学的模式。如果学校条件允许，优先选择智慧教室。不仅如此，教师课桌布置应该按照小组形式布置成讨论式桌椅。不仅需要有多媒体，方便展示案例相关材料，此外还需要黑板。与课堂讲授不同的是，案例教学方式对黑板大小的要求更高，因为一个案例至少要提出3～4个问题供学生讨论，对于每一个问题，都需要专门的区域来记录学生的各种观点，在整个讨论过程中，教师是不擦黑板的，因为需要保留对学生观点的完整记录，以便于教师在最后的总结环节对整个案例讨论过程进行有针对性的回顾。

2.具有投影仪、电脑等多媒体设施

目前，大学课堂中大部分教师都会使用投影仪等多媒体设备，国际经济与贸易案例教学也不例外。因为在案例展示、案例讨论、案例分析、案例总结的过程中，通过多媒体方式，不仅可以展示文字信息，还可以对相关图片、视频进行展示。同时，通过网络链接，在课上就能完成对有关网页信息的调取，及时方便地丰富案例信息。通过多媒体的应用，能够有效地激起学生对案例的兴趣，从而主动参与到案例分析中。

5.3 课中组织与安排

5.3.1 案例教学法在国际经济与贸易教学中的应用模式

1.理论＋案例模式

这种教学模式先由教师讲解某一理论知识，让学生对这一知识模块有了一定理解之后再列举案例，进而让学生在深入理解的基础上从案例中总结归纳出理论，达到强化记忆的目的。案例分析环节要求教师将教学内容扩展到课外，使学生在巩固基本理论的基础上，拓展理论联系实际的能力。例如，国际贸易课程中国际分工理论的要素禀赋论，为了让学生更好地理解"每一个国家出口本国具有丰裕而廉价的生产要素的商品、进口本国稀缺而价昂的生产要素的商品，贸易就获得比较利益，即劳动丰裕的国家应当生产并出口劳动密集型商品，进口资本密集型商品。"教师可以结合中美贸易的商品结构数据，来对这一理论进行佐证。既能让学生对理论本身有深刻理解，又让学生对中美贸易的现实有一定了解，并且引发对中美贸易摩擦的思考。

2.案例＋理论模式

这是案例教学法和探究式教学法相结合的一种模式。在讲解某一理论之前，教师针对理论内容设计几个案例和思考题，让学生自己通过阅读、思考、讨论等途径去主动探究，自行发现并掌握相应的原理和结论，然后教师再讲解理论的相关内容、产生背景及其发展。例如，国际市场营销学课程中讲解STP策略时，可以首先引入字节跳动旗下的TikTok如何成为全球最受欢迎的短视频平台的案例，让学生对TikTok海外成功的原因进行分析与总结，然后教师在学生答案的基础上，引出企业在进入国际市场之前需要完成"市场细分—市场评估—市场选择"的STP理论知识。在这种模式中，教师是引导者，基本任务是启发诱导，学生是探究者，其主要任务是经过探究过程把自己查阅的资料进行总结梳理，得出自己的结论和解释。

5.3.2 教学过程

案例教学课强调学生的主体角色和教师的引导角色，在长期的案例教学课堂实施过程中，有关教师经过不断归纳总结，逐渐形成了比较成熟的课堂教学结构和流程，大体如下：

1.介绍案例，激发兴趣

这是案例教学的引入阶段，教师提前准备精选案例。案例来源一般分为两类：一类是教师自己编制的案例；另一类是选择案例集或其他途径获取的别人整理好的案例。不论是哪个来源，在案例的选取上要遵循典型性原则、及时性原则、趣味性原则以及可辩性原则。良好的案例选择是帮助学生们理解国际贸易专业知识的重要手段，教师可以根据当下社会热点选择典型案例，由于短视频等多媒体的普及，学生们也会在互联网上关注社会热点，所以这也会激起学生们的兴趣，增加案例教学的趣味性。但值得注意的是，所引用的案例不能过于简单，应该具有一定的辩论性，这样才能够锻炼学生分析问题的能力。

2.阅读分析，认真思考

教师课前将围绕教学重难点精心选择的案例及思考问题提前发放给学生，以便让学生有充分的时间熟悉和思考案例，其主要目的是培养学生独立分析问题、解决问题的能力。不同案例的篇幅长短、难易程度都不相同以及不同课程的教学计划也不相同，但为了让案例教学达到效果，教师应给学生留出充足的案例准备时间。在这段时间，学生需要根据案例任务，认真细致地阅读案例，查找与案例有关的资料，回顾曾经学过的理论知识，深入思考案例的问题，在综合分析的基础上总结出自己的答案。这是案例教学的基础环节，它需要学生综合运用所学的专业知识甚至课外知识，消化分解案例所提供的所有信息，因此需要一定的时间保证，而课上教学的时间有限，因此为了保证教学效果，尽量安排学生提前认真研读案例。

3. 小组讨论，求同存异

在个人对案例已经掌握的基础上，就进入组内讨论交流阶段。这一阶段的目的主要是利用头脑风暴，让学生在组内进行充分的交流，融合不同的观点，得到本组最佳答案。在这一过程中，有助于培养学生的沟通能力与团队合作意识。典型的案例讨论包括以下问题：这一情境中主要问题有哪些，其中最紧急的、最关键的是哪些；解决这些问题可以采取哪些办法，作出决策的标准是什么，什么样的决策是最合适的；应当怎样制定实施计划，什么时候将计划付诸实施以及怎样实施，结果如何，有什么风险，有什么后果；从这个案例中学到了什么；等等。其中，最重要的是解决案例思考题，因此，在开始正式讨论之前，需要学生们首先对问题中的关键点进行梳理，清楚主要难点是什么，然后再讨论如何解决这一问题，交流彼此的观点。在小组讨论时，可以集思广益，努力达成共识，如果出现分歧，彼此不能形成一致观点，也不要勉强一致，彼此可以持保留意见。

4. 汇报展示，集体交流

汇报与总结是案例教学活动的重要组成部分，是确保案例教学成功的关键环节。在小组讨论后，教师要组织学生们做好汇报工作，实现有效的讨论和交流，并表达出各组的想法与观点，锻炼学生们的语言表达能力。小组汇报展示的形式，可以由教师统一安排，小组自己进行设计，并挑选组内语言能力强的小组代表进行发言。小组代表发言结束后，班内同学有不同意见的可以当场提出，由展示小组所有学生进行回答。开放性是案例教学的特点之一，因此存在不同观点，出现辩论，这是教学成功的表现。但在这一过程中，教师要控制好讨论的进程，既要激励学生进行自主思考，调动学生参与讨论的积极性，又要善于抓住时机，启发和引导学生围绕中心议题发言，从而把讨论引到正确的认识轨道上来，保证学生通过案例的探索和学习后，学习能力得到全面的提升。

5. 总结归纳，深化认识

这是案例课堂教学的最后一个环节，其主要目的是内化提升学生对案例的认识，帮助学生更好地理解课程的知识点，同时进一步提高学生分析问题、解决问题的能力，促进理论与实践的结合。虽然案例教学课的主体是学生，但教师精彩的总结点评仍然是不可缺少的。教师的总结点评能够消除学生心头的疑惑，起到画龙点睛的作用。教师的点评想要说服学生，获得学生的认可并起到进一步启发学生的作用，不仅需要教师对案例十分熟悉，也需要教师对所有学生的观点都熟记于心，同时具备扎实的理论功底、严谨的思维能力和流畅的语言能力。教师在总结发言时，主要应归纳评价学生中有代表性的几种方案；讲述在方法上如何对该案例进行分析、分析的程序、分析的内容，需要注意的问题等；或者是将有答案的案例结论告诉学生，但也不是简单陈述结论，而要讲清理由。教师在总结发言时，需要注意以下几点：第一，针对学生提出的解决方案，教师可以提出自己的看法和意见，但不要给予结论性的意见；第二，教师在对案例进行充分准备时，也要对案例的思考题形成自己的解决方案，可以把自己的解决方案与学生的方案共同展示出来，但不要把自己的观点作为唯一性答案要求学生接受；第三，在总结发言过程中，把握好分寸，对一些由案例引出的其他思考，可以留给学生在课后思考，做到引而不发；第四，教师要积极鼓励学生，特别是对在这一过程中表现优秀的学生给予表扬，甚至物质奖励，同时对缺乏积极性的学生，通过恰当的鼓励方式引导其改变学习态度，不断提高自身能力。

通常，国际经济与贸易专业的案例思考题都是开放性的，存在多种解决方案的可能性，因此，教师在总结发言时，要侧重在学生参与的态度、讨论的质量和思路上，只有这样，才能有助于学生综合运用能力的提高。

上述案例教学课的各个环节，教师可以根据各门课程的教学实际情况进行增减，最重要的就是达成案例教学的理想效果。案例教学法主要目的是能够提高国际经济与贸易专业课程教学的效率，提高学生整体的参与度，引起学生的兴趣，进而调动学生学习的积极性、主动性，是培养学生外贸职业能力的重要手段，因此，教师应该根据自身教学特色，丰富现阶段的案例教学模式，全面提升学生的综合素质。

5.4　课后反思与总结

完整的案例教学并不止于课堂教学完成，更需要课后细致的总结和反思，通过这一过程，教师才能改进不足，渐渐形成丰富的案例教学经验，以便完善以后的案例教学课堂，这是教师案例教学实践智慧生成的必经阶段，也是课程从"有效教学"走向"高效教学"进而达到"魅力教学"的必要环节。建立系统的案例教学课后反思模式，能够更有效地促进案例教学目标的整体实现与教学实效的提高。课后反思包括教师和学生两个方面，学生通过撰写案例分析报告巩固课堂成果，教师则要对整个教学过程和师生表现进行综合性的评价和反思。师生都需要及时总结与反思并且加以积极的交流与反馈，才能获得教学实效的提升。

5.4.1　学生反思案例教学的收获与疑惑

课堂讨论结束后，学生需要按照教师的要求梳理整合案例讨论中的各方观点，总结心得体会，反思收获与疑惑，撰写案例分析报告。通过撰写案例分析报告，学生在案例教学前期准备中的所得、教学讨论过程中学习与感悟到的知识与理论均得到了全面的巩固，其理论思维水平和综合能力得到培养和提高同时，学生对于教学过程结束后仍有疑虑的部分也可以记录下来，求证于教师，既方便教师有针对性地答疑解惑，补充课堂教学的缺失，又方便教师根据所掌握学生的学习情况进一步改进教学过程和提升教学质量。

对于学生而言，撰写案例分析报告要依据教学形式而定。一般而言，如果采取"教师拿案例"的教学形式，则案例分析报告可以不做过多的具体要求，以学生课堂发言和参与互动讨论的情况作为成绩评定的标准，学生撰写简单的心得体会来检验他们真正的收获即可；如果采取"学生拿案例"的教学形式，则提倡撰写案例分析报告，核心是学生根据课程特性和案例特色自行组织架构分析案例内容与体现出的理论知识要点，进而将课堂上的思想启迪凝练于字里行间。

5.4.2　教师反思案例教学的得失

教师在实际案例教学课后，通过对自身案例教学过程的回顾和自身教学行为的评价等方式，总结反思经验教训，针对优缺点整理出后续的解决计划和措施。在教学实践中不断地总结、反思，不仅能提升案例教学的实效，也能促进教师教学技能的提高，并促进教师自我发展及成长，改进自己的教学观念和教学行为，进而形成适合自己的教学模式。

教师反思案例教学的得失，要客观理性地围绕教学目标的完成度做全面的评估。教师要重新审视案例教学全过程，将自己置于课堂旁听者的位置，对学生的表现给予评价，围绕教学目标的理论点及其完成度、接受度依次分析以下问题：哪些理论点的完成度高，接受度高？哪些理论点的完成度不高，接受度不高？具体原因分别是什么？如何改进？是否有理论点讲授的空缺？学生的反应如何？教师自身的表现如何？是否出现新思路、新问题？

　　最后，教师需要关注有效教学反思模式的相关理论研究和方案，加强团队合作，相互学习，多方请教，逐渐形成适合自己的、具有良好效果的教学反思模式。教师需要坚持不懈地运用有效的教学反思模式来夯实专业知识和教学技能，不断提升教学实效，增强教学感染力。

第6章
案例教学效果评价体系的构建

基于专业和课程特点，国际经济与贸易专业主流教学方式之一就是案例教学法。案例教学法具有激发学生学习兴趣、培养学生创新创业能力以及解决实际问题等作用。建立完善的案例教学效果评价体系是案例教学必不可少的环节。

6.1 案例教学效果评价意义及原则

6.1.1 案例教学效果评价的现实意义

1.培养学生思想政治素养

习近平总书记在2018年全国教育大会上指出，"教育是国之大计、党之大计"，"我国是中国共产党领导的社会主义国家，这就决定了我们的教育必须把培养社会主义建设者和接班人作为根本任务，培养一代又一代拥护中国共产党领导和我国社会主义制度、立志为中国特色社会主义奋斗终身的有用人才"。学校要实施德智体美劳全面发展的教育方针，促进人的全面发展。2020年，教育部印发的《高等学校课程思政建设指导纲要》提出要"深入挖掘各类课程和教学方式中蕴含的思想政治教育资源"，并且明确了"课程思政建设内容必须紧紧围绕坚定学生理想信念，以爱党、爱国、爱社会主义、爱人民、爱集体为主线，围绕政治认同、家国情怀、文化素养、宪法法治意识、道德修养等重点优化课程思政内容供给"。在案例教学过程中，融入思政元素，可以培养学生思想政治素养。

2.规范、指导教师教学

案例教学具有灵活性，是一种有目的、有计划的活动，为了将其教学目标、原则具体化为微观的、可操作的标准、程序与方法，可以建立科学合理的案例教学效果评价指标体系，从而对教师的教学具有较强的规范和指导作用。若没有建立科学合理的案例教学效果评价指标体系，使教师在开展教学时无章可循，案例教学的随意性很大，很难达到案例教学的目标与效果。例如：为了加强学生对关税福利效应的掌握，在国际经济学关税学习中，可以将中美贸易摩擦融入案例教学中，根据相关理论，让学生理解美国对中国征收高关税政策，对中国和美国都是不利的，使得中美两国福利水平出现下降趋势。

3.提高学生学习主动性

学生的学和教师的教是不可分割的统一体。教师案例教学水平偏低以及学生对教学方式不适应是案例教学质量不高的两大主要原因。由于教师长期使用传统教学方式，学生习惯了接受式的被动学习，因而在案例学习、讨论的时候，往往会觉得无所适从。建立案例教学的评价指标体系，特别是让学生参与案例教学效果的评价，让学生全面理解案例的教学目的、基本流程、考核的基本内容、基本要求等，进而极大促进学生的学习主动性。例如：在学完目标市场选择后，可以让学生自行选择跨国公司，分析在开拓海外市场过程中，如何进行市场细分，如何选择目标市场。通过鲜活的案例，提高学生学习的主动性。

4.评价、检验教学目标的达成度

案例教学的计划与准备、案例教学的组织与实施、案例教学的总结与反馈等阶段是一个完整的案例教学过程。案例教学效果的评价是案例教学流程的最后一个环节，同时也是整个案例教学体系的有机组成部分，若无此过程，将无法知晓先前设定的教学计划、目标是否达到预期效果。

5.通过信息反馈改进完善教学

案例教学效果评价指标体系构建可以起到两方面重要作用。其一，帮助教师了解教学水平和能力，及时发现教学过程中的缺点与不足；其二，了解学生的学习态度及兴趣爱好，对相关知识的掌握程度以及理论联系实际、分析问题与解决问题的能力。教师可以根据学生的特点，不断改进和完善自己的教学过程，从而提高教学的水平。例如：在讲完4P（Product、Price、Promotion、Place）营销策略之后，选择ZARA、优衣库等案例，让学生分析这些大型跨国公司如何实施4P营销策略，在学生分析的过程中，教师反思教学目标是否达到。

6.1.2　案例教学效果评价遵循的基本原则

1.定性与定量相结合

案例教学方法主要是要求学生去研究、分析描述现实中发生的关于贸易、投资、营销等事件的案例，判断问题所在，通过讨论以及学习，从而提出解决问题的方法。一般来说，现实中的真实事件往往十分复杂，没有唯一正确的答案，也无标准的逻辑程序与最佳解决方案。因此，定性评价的方法，是案例教学效果的首选评价方法。根据案例教学过程中获取的相关材料数据，比如对评价者的观察、教学记录、学生提交的案例报告、学生在课堂上的发言等，可以对案例教学效果好坏程度做出一个大致的评判。另外，基于定性分析的资料，将能够体现案例教学质量的关键指标提取出来，如：考核科学性和合理性、培养思想政治素养、培养解决实际问题的能力、培养学生社会适应能力等，以这些指标为基础，选择合适的计量模型，将定性的指标量化，来保证案例教学评价具有客观性和可操作性，为将来评价和改进教学方法提供一定的理论依据。

2.自评与他评相结合

学生是案例教学活动的主体，既是参加者，又是教学效果的直接体现者。他们是对教师的教学思想、教学态度、教学方案和教学效果的最深感受者，最有发言权。因此，来自学生方面的评价和反馈在案例教学评价体系中占据重要地位，是不可缺少的重要组成部分。学生参与评价，可以调动学生学习的积极性和主动性，按照案例教学评价指标体系的要求去学习，根据评价的反馈信息改进学习的方式与方法，可以不断提高学生学习的质量。此外，在对案例教学的效果进行评价时，除了教师自评、学生参评之外，还需要由管理专家、同行、教学管理者组成专门的评价小组进行评价，专门评价小组在整个评价体系里具有不可替代的作用。

3.教学过程评价与结果评价相结合

基于相关理论，案例教学过程与教学效果应该是正相关的。教学过程组织得越科学合理，教学效果会越好。但是，在教学实践过程中，教学过程与教学效果很难做到绝对统一，也就是说，教学过程组织得好不一定能达到良好的教学效果。因此，为了保证评价的科学性和合理性，在对案例教学效果进行评价时，其指标体系既要有反映过程因素的指标，又要有反映效果因素的指标，进而实现过程评价与结果评价相统一。

4.评价与指导相结合

对教师的教学情况进行总结，不断提高教师的教学水平，进而促进学生的学习，是教学效果评价的主要目标。因此，评价本身不是目的而是手段。所以，国际经济与贸易专业课程中，在对案例教学进行评价时，要做到评价与指导相结合。既要将评价结果反馈给教师，指出其在案例教学过程中的优点与缺点，提出改进的意见与措施；又要帮助学生端正学习态度，养成良好的学习习惯，激发学生学习兴趣。

6.2　案例教学效果评价体系

为了使案例教学效果评价指标体系具有可行性和全面性，建立案例教学效果评价指标体系应该选取什么样的指标和建立什么样的模型呢？

6.2.1　指标的选择

基于案例教学效果评价目的，为了能够反映案例教学效果，以及适合三方（学生、教师、领导）评价、评价全面可比的原则，综合已有的案例教学效果评价指标体系。通过文献查阅，对相关学生、任课教师以及专家的咨询，本体系初选了13个适合对案例教学效果进行评价的指标，如表6-1所示，这些指标基本涵盖了培养学生思想政治素养、提高学生创新创业能力、培养学生实践能力等方方面面，尽可能使指标体系能较好地反映案例教学的效果。

表6-1　案例教学效果评价初选指标

序　号	指　标
X_1	考核的科学性与合理性
X_2	案例教学课堂效率
X_3	掌握相关专业知识
X_4	培养创新创业能力
X_5	培养分析能力
X_6	培养解决问题能力
X_7	启发与调动思维
X_8	培养思想政治素养
X_9	提高学生社会需求适应性
X_{10}	学生获得实务与行业经验
X_{11}	激发求知欲
X_{12}	增进团队合作与沟通能力
X_{13}	学习该学科的学习方法

6.2.2　因子分析模型建立

因子分析（Factor Analysis）是一种多元统计分析方法，是一种从变量群中提取共性因子的统计方法。因子分析可以在许多变量中找出隐藏的且具有代表性的因子，将具有相同本质的变量归纳为同一因子，用少数几个抽象变量，也就是公因子，来体现原来众多观测变量所代表的主要信息，从而达到降维的目的。因子分析具有软件自动赋予权重、内在一致性等优势，而且可以在原始指标数目较多的情况下进行降维处理，从而降低分析的复杂性和难度。

1. 模型建立

设 $X = (X_1, X_2, \cdots, X_m)$ 为 m 个案例教学效果评价指标向量，$F = (F_1, F_2, \cdots, F_p)$ 为 p 个不可观测的指标向量，有：

$$\begin{cases} X_1 = a_{11}F_1 + a_{12}F_2 + \ldots + a_{1p}F_p + c_1U_1 \\ X_2 = a_{21}F_1 + a_{22}F_2 + \ldots + a_{2p}F_p + c_2U_2 \\ \ldots \\ X_m = a_{m1}F_1 + a_{m2}F_2 + \ldots + a_{mp}F_p + c_mU_m \end{cases} \quad 式（6-1）$$

即：$X=AF+U$，其中 $U = (U_1, U_2, \cdots, U_m)$ 为特殊因子，F_i 为第 i 个公因子，a_{ij} 为因子载荷，且满足：①$p \leq m$，②$COV(F, U)=0$，③$E(F)=0$，$COV\ {\binom{F}{U}}_{p \times p} = I_P$。

2. 确定因子载荷矩阵

本项目采用主成分法估算因子载荷矩阵。设 $X = (X_1, X_2, \cdots, X_m)$ 的协方差为 $\sum$，$\sum$ 的特征根 $\lambda_1 \geq \lambda_2 \geq \cdots \geq \lambda_m > 0$，其相应的特征向量为 $e_1, e_2, \cdots, e_m$（标准正交基），则 $\sum = (\sqrt{\lambda_1}e_1', \cdots, \sqrt{\lambda_p}e_p')^m \sum_{i=1}^{m} \lambda_i e_i e_i' = (\sqrt{\lambda_1}e_1, \cdots, \sqrt{\lambda_m}e_m)(\sqrt{\lambda_1}e_1', \cdots, \sqrt{\lambda_m}e_m')$，当公因子 F_i 有 p 个时，特殊因子为0，所以 $X=AF$，A 为因子载荷矩阵。

因此，$D(X) = var(AF) = A\,var(F)A' = AA'$，$\sum = AA'$，则 $A = (\sqrt{\lambda_1}e_1, \cdots, \sqrt{\lambda_m}e_m)$，所以第 j 列因子载荷为第 j 个主成分 $\sqrt{\lambda_j}e_j$。当最后 $m-p$ 个特征根很小时，去掉 $\sqrt{\lambda_{p+1}}e_{p+1}, \cdots,$ $\sqrt{\lambda_m}e_m$，此时 $A = (\sqrt{\lambda_1}e_1, \cdots, \sqrt{\lambda_p}e_p)$，方差 $\sum = AA' + \Sigma_U = (\sqrt{\lambda_1}e_1, \cdots, \sqrt{\lambda_p}e_p)(\sqrt{\lambda_1}e_1', \cdots,$ $\sqrt{\lambda_p}e_p')' + diag(\sigma_1^2, \cdots, \sigma_m^2)$。

3. 因子旋转

本项目采用方差极大正交旋转法进行因子旋转，可使因子载荷两极分化，且旋转后的因子仍然保持直角正交。

首先考虑 $p=2$ 的情形。设 $A = \begin{Bmatrix} a_{11} & a_{12} \\ a_{21} & a_{22} \\ \cdots & \cdots \\ a_{m1} & a_{m2} \end{Bmatrix}$ 为因子载荷矩阵，$T = \begin{Bmatrix} \cos\varphi, & -\sin\varphi \\ \sin\varphi, & \cos\varphi \end{Bmatrix}$

为正交矩阵，记 $B=(b_{ij})=AT$，那么 $B = \begin{Bmatrix} a_{11}'\cos\varphi + a_{12}'\sin\varphi & -a_{11}'\sin\varphi + a_{12}'\cos\varphi \\ \cdots & \cdots \\ a_{m1}'\cos\varphi + a_{m2}'\sin\varphi & -a_{m1}'\sin\varphi + a_{m2}'\cos\varphi \end{Bmatrix}$

$$\triangleq \begin{Bmatrix} b_{11} & b_{12} \\ ... & ... \\ b_{m1} & b_{m2} \end{Bmatrix}$$，为使 B 达到结构简化，须使旋转后的因子载荷矩阵 B 的两列元素

的平方和向 0 和 1 两极分化，因此要求 $(b_{11}^2, \cdots, b_{m1}^2)$、$(b_{12}^2, \cdots, b_{m2}^2)$ 两组数据的

样本方差 V_1 和 V_2 尽可能大。为此，正交旋转角度 φ 应满足 $V_1 + V_2 = V = \max$，即

$$V = \sum_{j=1}^{2} \left[\frac{1}{m} \sum_{i=1}^{m} \left(b_{ij}^2 \right)^2 - \left(\frac{1}{m} \sum_{i=1}^{m} b_{ij}^2 \right)^2 \right] = \max。$$

通常，如果公因子有 p 个，则需逐次对每两个公因子进行上述旋转，实际上，

当公因子 $p > 2$ 时，可以每次取两个，全部配对旋转。

4.计算因子得分

建立以公因子为因变量，原变量标准化向量［记为 $Z_{Xi}(i=1, 2, \cdots, m)$］为自变量

的回归方程：

$$F_j = \beta_{j1} Z_{X1} + \beta_{j2} Z_{X2} + ... + \beta_{jm} Z_{Xm} \qquad \text{式(6-2)}$$

其中 $j = 1, 2, \cdots, p$，$\beta_j = A_j^{'} R^{-1}$。以最小二乘法进行回归估计，可得到 F 的估计

值 $A^{'} R^{-1} Z$，式中 A 为因子载荷矩阵，$A^{'}$ 为旋转后因子载荷矩阵的转置，R 为原变量相

关矩阵，R^{-1} 为 R 的逆矩阵，Z 为原变量标准化向量。

进而，受访者综合得分（记为 W）可由各公因子得分加权汇总得到，其计算方

式为：

$$W = (a_1 F_1 + a_2 F_2 + a_p F_p) / \sum_{i=1}^{p} a_i \qquad \text{式(6-3)}$$

其中 $a_i = \lambda_i / \sum_{i=1}^{p} \lambda_i$，即第 i 个公因子的方差贡献率。

6.3 案例教学效果评价实证分析

6.3.1 样本获取与数据处理

本研究根据初选指标进行了问卷调查，选择内蒙古财经大学商务学院国际经济

与贸易系学生为调查样本，共发放 170 份问卷，问卷对初选指标的测度采用评分制，

满分为 100 分，回收问卷 156 份。采用可直观描述数据分布与离散状况的箱式图对

问卷数据有效性进行了判别。图 6-1 为不同初选指标评分箱式图，评分满分为 100

分。其中实心黑色圆点表示超过四分位数间距 1.5 倍的离群值，星号表示超过四分

位数间距 3 倍的极值，符号附近数字表示相应的问卷顺序，二者均表示问卷数据异

常。通过图6-1可以判别问卷1、10、30、48、83、85、89、95、96、100、112、141数据异常，在分析中予以排除。

为避免指标数据量纲和数量级对因子分析的影响，同时为使指标数据具有更强的可比性且服从正态分布，对指标数据进行了标准化处理。标准化公式为$X'_{ij}=(X_{ij}-X_j)/\sigma_j$，其中$X_{ij}$为第$i$个样本的第$j$个指标值、$X_j$为指标均值、$\sigma_j$为指标标准差。

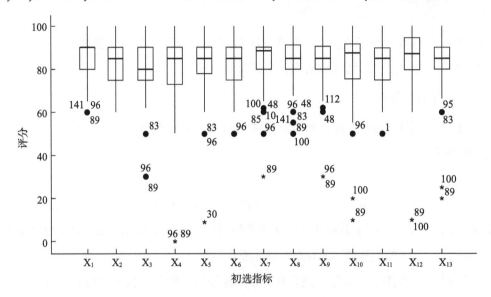

图6-1　不同初选指标评分箱式图

6.3.2　KMO样本测度和Bartlett球形检验

KMO统计量主要是用于探查指标间的偏相关性，来比较各指标间的简单相关和偏相关的大小；如果指标间存在内在联系，则由于计算偏相关时控制其他因素就会同时控制潜在变量，导致偏相关系数远小于简单相关系数，此时KMO统计量接近1，进行因子分析效果较好。根据相关文献得出的结论，一般认为，KMO统计量大于0.7时数据适合进行因子分析。Bartlett球形检验用于检验各指标间的相关系数矩阵是否为单位阵，若不为单位阵说明指标间相关度较高，适合进行因子分析。如表6-2所示，利用SPSS软件，对案例教学效果评价指标体系的13个初选指标进行了KMO样本测度和Bartlett球形检验。KMO统计量为0.934，大于通用的0.7标准，Bartlett球形检验显著概率（Sig.）为0，说明各指标间具有较高的相关度，数据适合进行因子分析。

表6-2　KMO样本测度和Bartlett球形检验

KMO（Kaiser-Meyer-Olkin）样本测度	Bartlett球形检验		
	Approx. Chi-Square	df	Sig.
0.934	1613.115	78	0.000

6.3.3　建立指标间的相关系数矩阵

建立指标间的相关系数矩阵，计算特征根、方差贡献率、累计方差贡献率。表6-3为初选指标间相关系数矩阵，从表中可以看出，各指标间相关系数普遍较高且在0.05置信水平下显著相关（单尾检验），表明初选指标信息重叠严重，有必要通过降维提取主要信息。其中X_6与X_7的相关性最强，相关系数达0.808；其次为X_5与X_6，相关系数为0.793；此外，X_4与X_5、X_6、X_7，X_9与X_{10}，X_{13}与X_{11}、X_{12}也有较强的相关性。从内在联系上分析，相关性较强的指标可能内在联系较为紧密。

表6-3　初选指标间相关系数矩阵

指标	X_1	X_2	X_3	X_4	X_5	X_6	X_7	X_8	X_9	X_{10}	X_{11}	X_{12}	X_{13}
X_1	1	0.655	0.647	0.585	0.495	0.492	0.487	0.468	0.436	0.424	0.551	0.367	0.557
X_2	0.655	1	0.667	0.656	0.593	0.578	0.536	0.599	0.542	0.580	0.601	0.520	0.684
X_3	0.647	0.667	1	0.693	0.685	0.652	0.569	0.640	0.553	0.571	0.665	0.482	0.574
X_4	0.585	0.656	0.693	1	0.760	0.781	0.754	0.603	0.650	0.694	0.651	0.611	0.634
X_5	0.495	0.593	0.685	0.760	1	0.793	0.655	0.592	0.601	0.689	0.698	0.630	0.550
X_6	0.492	0.578	0.652	0.781	0.793	1	0.808	0.602	0.636	0.745	0.689	0.654	0.659
X_7	0.487	0.536	0.569	0.754	0.655	0.808	1	0.653	0.626	0.664	0.656	0.639	0.711
X_8	0.468	0.599	0.640	0.603	0.592	0.602	0.653	1	0.533	0.512	0.619	0.548	0.653
X_9	0.436	0.542	0.553	0.650	0.601	0.636	0.626	0.533	1	0.783	0.574	0.609	0.598
X_{10}	0.424	0.580	0.571	0.694	0.689	0.745	0.664	0.512	0.783	1	0.701	0.699	0.675
X_{11}	0.551	0.601	0.665	0.651	0.698	0.689	0.656	0.619	0.574	0.701	1	0.671	0.727
X_{12}	0.367	0.520	0.482	0.611	0.630	0.654	0.639	0.548	0.609	0.699	0.671	1	0.717
X_{13}	0.557	0.684	0.574	0.634	0.550	0.659	0.711	0.653	0.598	0.675	0.727	0.717	1

注：各指标两两之间在0.05置信水平下均显著相关（单尾检验）。

采用主成分法对初选指标提取公因子，通过初选指标间相关系数矩阵求得相应公因子的特征根、方差贡献率和累计方差贡献率，如表6-4旋转前部分所示。在累计方差贡献率为85.136%的前提下，提取了前5个公因子。这些公因子解释了原有指标85%以上的信息，可用来近似替代原来的13个初选指标对案例教学效果进行评价，从而达到降维的目的。

表6-4　因子分析总方差解释

公因子[a]	旋转前			旋转后[b]		
	特征根	方差贡献率/%	累计方差贡献率/%	特征根	方差贡献率/%	累计方差贡献率/%
1	8.496	65.355	65.355	2.983	22.949	22.949
2	0.943	7.257	72.612	2.488	19.140	42.089
3	0.626	4.817	77.429	2.384	18.339	60.429
4	0.555	4.270	81.699	1.771	13.625	74.053
5	0.447	3.437	85.136	1.441	11.082	85.136

注：a.采用主成分法提取公因子；b.采用方差极大正交旋转法进行因子旋转。

6.3.4　因子正交旋转及旋转后因子载荷矩阵分析

为更好解释公因子的实际含义，采用方差极大正交旋转法进行因子旋转，结果如表6-4旋转后部分所示。可以看出，旋转前后总的累计方差贡献率没有发生变化（保持为85.136%），即总的信息量在因子旋转后没有损失。如表6-5所示，从5个公因子对单项指标信息提取程度上分析，有3个指标（X_2、X_3、X_7）提取比例接近80%，2个指标（X_8、X_9）提取比例超过90%，其余大部分指标（X_1、X_4、X_5、X_6、X_{10}、X_{11}、X_{12}、X_{13}）提取比例介于80%～90%，说明单项指标信息提取充分，公因子与单项指标相关程度密切，能反映各指标的大部分信息。

表6-5　公因子对单项指标信息提取程度

信息比例/%	单项指标												
	X_1	X_2	X_3	X_4	X_5	X_6	X_7	X_8	X_9	X_{10}	X_{11}	X_{12}	X_{13}
初始比例	100	100	100	100	100	100	100	100	100	100	100	100	100
提取比例	84.9	79.6	79.9	81.9	85.8	86.6	79.5	92.7	93.6	88.4	81.0	84.0	88.9

注：采用主成分法提取前5个公因子。

旋转后因子载荷矩阵如表6-6所示，5个公因子分别表示为F_1、F_2、F_3、F_4、F_5，其与初选指标的内在联系通过因子载荷反映。F_1在X_4（培养创新创业能力）、X_5（培养分析能力）、X_6（培养解决问题能力）、X_7（启发与调动思维）等指标上具有较高的正载荷，可解释为学习能力因子；F_2 在 X_1（考核的科学性与合理性）、X_2（案例教学课堂效率）、X_3（掌握相关专业知识）等指标上具有较高的正载荷，可解释为教学效率因子；F_3 在 X_{11}（激发求知欲）、X_{12}（增进团队合作与沟通能力）、X_{13}（学习该学科的学习方法）等指标上具有较高的正载荷，可解释为学习收益因子；F_4 在 X_9（提高学生社会需求适应性）、X_{10}（学生获得实务与行业经验）等指标上具有较高的正载荷，可解释为实践能力因子；F_5 在 X_8（培养思想政治素养）指标上具有较高的正载荷，可解释为思想政治素养因子。通过因子分析，将13个指标降为5个，各公因子分布情况如表6-7所示。

表6-6　方差极大正交旋转后因子载荷矩阵

指标	公因子				
	F_1	F_2	F_3	F_4	F_5
X_1	0.229	0.866	0.172	0.099	0.091
X_2	0.183	0.713	0.306	0.294	0.272
X_3	0.518	0.627	0.109	0.185	0.302
X_4	0.653	0.393	0.229	0.347	0.253
X_5	0.787	0.301	0.275	0.227	0.143
X_6	0.735	0.215	0.360	0.293	0.253
X_7	0.557	0.163	0.404	0.281	0.465
X_8	0.294	0.300	0.267	0.162	0.808
X_9	0.292	0.233	0.242	0.832	0.214
X_{10}	0.447	0.212	0.476	0.639	0.063
X_{11}	0.466	0.398	0.624	0.127	0.171
X_{12}	0.344	0.112	0.767	0.305	0.169
X_{13}	0.161	0.399	0.703	0.261	0.376

表6-7　公因子分布情况

公因子编号	公因子命名及含义	包含的指标
F_1	学习能力	培养创新创业能力、培养分析能力、培养解决问题能力、启发与调动思维
F_2	教学效率	考核的科学性与合理性、案例教学课堂效率、掌握相关专业知识
F_3	学习收益	激发求知欲、增进团队合作与沟通能力、学习该学科的学习方法
F_4	实践能力	提高学生社会需求适应性、学生获得实务与行业经验
F_5	思想政治素养	培养思想政治素养

6.3.5 实证分析

如表6-4所示，比较各公因子方差贡献率，最为重要的是学习能力因子，其次重要的是教学效率因子和学习收益因子，再次重要的是实践能力因子和思想政治素养因子。案例教学就是要在全面衡量自身教学和学生学习需要的基础上，把培养学生学习能力作为首要任务，且要重视提高自身教学效率、促进学生学习收益，同时还要兼顾提高学生实践能力、培养思想政治素养。

内蒙古财经大学商务学院国际经济与贸易系学生作为本章主要受访者，其评分结果用来对案例教学效果进行实证分析。根据式（6-2）与算得的方差极大正交旋转后公因子得分系数（运行SPSS得到），各公因子得分公式为：

$$
\begin{bmatrix} F_1 \\ F_2 \\ F_3 \\ F_4 \\ F_5 \end{bmatrix}^T = \begin{bmatrix} Z_{X_1} \\ Z_{X_2} \\ Z_{X_3} \\ Z_{X_4} \\ Z_{X_5} \\ Z_{X_6} \\ Z_{X_7} \\ Z_{X_8} \\ Z_{X_9} \\ Z_{X_{10}} \\ Z_{X_{11}} \\ Z_{X_{12}} \\ Z_{X_{13}} \end{bmatrix}^T \begin{bmatrix} -0.118 & 0.686 & -0.046 & -0.121 & -0.299 \\ -0.327 & 0.457 & -0.006 & 0.143 & 0.025 \\ 0.209 & 0.301 & -0.328 & -0.081 & 0.081 \\ 0.339 & 0.028 & -0.244 & 0.068 & -0.022 \\ 0.606 & -0.057 & -0.106 & -0.197 & -0.239 \\ 0.473 & -0.178 & -0.042 & -0.110 & -0.037 \\ 0.196 & -0.254 & 0.003 & -0.070 & 0.393 \\ -0.173 & -0.139 & -0.193 & -0.083 & 1.093 \\ -0.272 & -0.046 & -0.320 & 1.011 & 0.063 \\ -0.014 & -0.073 & 0.110 & 0.520 & -0.334 \\ 0.114 & 0.084 & 0.498 & -0.388 & -0.257 \\ -0.078 & -0.184 & 0.679 & -0.101 & -0.186 \\ -0.410 & 0.080 & 0.554 & -0.082 & 0.164 \end{bmatrix} \qquad \text{式（6-4）}
$$

由式（6-4）算得各公因子得分后，结合式（6-5）与方差极大正交旋转后各公因子方差贡献率（列于表6-4旋转后部分），可求得各受访者综合评分（记为 W）公式：

$$W = (22.949F_1 + 19.140F_2 + 18.339F_3 + 13.625F_4 + 11.082F_5)/85.136 \quad \text{式（6-5）}$$

若实证分析其中12名受访者对任课教师案例教学课程的评价，根据式（6-4）和式（6-5）可得评价结果。如表6-8所示，12名受访者对初选指标的评分值列于该表第2～14列，根据式（6-4）算得的相应公因子得分值列于该表第15～19列，再结合式（6-5）算得的综合评分值列于该表第20列。12名受访者的案例教学效果综合评分值总计为 -1.00，均值为 -0.08。这样，就实现了对案例教学效果的量化评价，使其在实证分析中具有可比性和参考意义。

表 6-8　受访者评价结果

受访者	对初选指标的评分值（满分为 100 分）													公因子得分					综合评分
	X_1	X_2	X_3	X_4	X_5	X_6	X_7	X_8	X_9	X_{10}	X_{11}	X_{12}	X_{13}	F_1	F_2	F_3	F_4	F_5	
1	75	70	75	70	80	80	75	70	80	80	75	85	70	0.37	-1.51	-0.29	0.08	-2.00	-0.55
2	70	90	80	85	95	95	93	90	98	99	92	100	90	0.73	-2.31	1.34	1.57	0.36	0.26
3	80	70	75	75	80	70	70	85	75	70	70	80	85	-1.00	-0.67	-0.38	-0.92	0.40	-0.60
4	75	80	70	65	80	85	80	85	80	85	80	90	80	-0.64	-1.75	0.95	-0.11	-0.04	-0.38
5	90	90	80	80	80	90	90	90	80	95	90	89	90	-0.44	0.12	1.19	-0.36	0.12	0.12
6	90	90	70	80	70	70	90	85	90	90	70	90	90	-2.72	0.08	0.48	1.86	0.47	-0.25
7	85	70	65	80	70	85	80	80	70	75	65	70	85	-0.57	-0.80	-0.78	-0.83	0.23	-0.61
8	75	60	70	70	80	80	85	90	90	90	95	95	90	-0.70	-2.71	2.25	0.20	0.38	-0.23
9	85	85	80	90	95	90	85	80	90	95	80	85	90	0.83	-0.37	-0.13	1.09	-1.22	0.13
10	100	100	95	100	100	97	96	100	99	100	90	100	90	1.01	1.09	-0.19	1.18	0.63	0.75
11	98	97	95	92	94	96	90	90	91	89	90	85	85	1.12	1.53	-0.94	0.16	-0.19	0.44
12	98	95	94	87	86	74	65	89	71	61	91	82	77	-0.10	2.89	-0.87	-2.86	-0.47	-0.08
总计																			-1.00
均值																			-0.08

此外，如图6-2（a）所示，12名受访者的综合评分在–1和+1之间波动，如图6-2（b）所示，12名受访者的综合评分服从正态分布，通过以下两个图说明受访者评分较为稳定，评价效果较好。

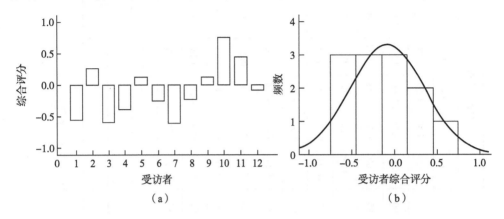

图 6-2　12名受访者综合评分（a）条形图和（b）拟合正态曲线的频数图

6.3.6　结论

基于国际贸易课程的灵活性和实践性，案例教学法日益得到采用。提高案例教学质量至关重要，厘清影响教学效果的因素，同时为教师科学组织与引导教学提供参考。本章通过实地问卷调查，选取因子分析法作为主要计量方法，对初选指标进行降维，构建科学、合理的案例教学效果评价指标体系、方法与模型。通过实证发现，国际贸易相关课程的案例教学在全面衡量自身教学和学生学习需要的基础上，以培养学生学习能力为首要任务，且要注重提高自身教学效率、促进学生学习收益，同时还要考虑到提高学生实践能力、激发学生学习兴趣、培养学生思想政治素养。

第7章

精选案例教学实例

7.1 全球织网：伊利集团的"白色丝绸之路"

7.1.1 案例正文

7.1.1.1 引言

2022年荷兰合作银行发布"全球乳业20强"榜单，内蒙古伊利实业集团股份有限公司以182亿美元的营业额蝉联全球五强、连续九年稳居亚洲乳业第一。在2022中国民营企业500强榜单上位列第76位，在全球食品品类排名中排名第四，仅次于瑞士雀巢、瑞士普瑞纳、法国达能，同时位列亚洲第一。2022年"品牌金融"（Brand Finance）发布信息显示：伊利集团在全球食品品牌价值十强中仅次于雀巢位居第二，在全球乳业品牌价值十强中凭借106亿美元领先于达能（79亿美元品牌价值），位于榜首。

如何从仅有1 160头奶牛日产量约700公斤的郊区小作坊到如今的全球乳业五强再到致力于实现"让世界共享健康"的远大愿景？又是如何在疫情背景下，业绩逆势增长的呢？

在领导人潘刚"打造具有中国影响力的乳制品品牌"理念的引导下，伊利的国际化探索、"全球织网"经历以及构建共享健康的"白色丝绸之路"为中国企业迈向国际提供了一份参考范文。从澳洲创新中心到大洋洲生产基地，再到东南亚市场，如果将伊利视为一名旅游博主，那么它的全球化经历将是一段难忘的跨国之旅。

7.1.1.2 伊利的全球化成长历程

1.企业发展历程

历经了萌芽期（1956—1992年）、成长期（1993—1995年）、壮大期（1996—2009年）和腾飞期（2010年至今）四个时期的发展，伊利成功地从地区养牛合作小组跨出国门成为中国乳业的领跑者，取得全球乳业五强的佳绩，伊利的发展历程是中国乳业发展道路的缩影。

1956年，拥有职工人数117名的养牛合作小组在呼和浩特市回民区成立，1 160

头奶牛日产量为700公斤。1970年，改名"呼市国营红旗奶牛场"，之后将总厂分为牛奶生产部与奶制品加工部，并分别成立呼市回民奶牛场和呼市回民奶食品加工厂。

1992年，呼市回民奶食品加工厂迎来了一位年仅22岁的大学生，他从车间工人、产品质检员、生产部部长，一路走到伊利集团的总经理，三十年里将自己"嫁给"了伊利，他就是伊利的"掌舵人"——潘刚。

1993年2月，由21家发起人发起定向募集，对呼市回民奶食品加工厂进行改制，通过吸收其他法人和内部职工入股的方式设立伊利集团，并在同年6月更名为"内蒙古伊利实业股份有限公司"，7月成立冷饮事业部，开始施行品牌化运营。

1996年，伊利的发展迎来了第一个"里程碑"，3月12日，伊利在上海交易所成功挂牌上市，成为全国乳品行业首家A股上市公司。之后的十年中，伊利不断加强产品创新和生产技术的升级，1997年第一条利乐液态奶生产线投产，并延长液态奶的保质期，也使得液体奶的辐射范围进一步扩大。1999年成立中国乳业第一个液态奶事业部，带领中国乳业全面进入"液态奶时代"。2005年7月成立酸奶事业部并牵手北京奥运会，成为国内唯一一家符合奥运标准、为奥运会提供乳制品的企业。逐步研发适合各个年龄段和不同体质的牛奶产品，特别是在2007年推出中国第一款有机奶——"伊利金典有机奶"。在俄罗斯"中国年"上大放异彩，受到俄罗斯总统普京的高度赞赏。

2009年牵手上海世博会，也成为国内唯一一家符合世博标准、为2010年上海世博会提供乳制品的企业。2010年伊利畅轻酸奶荣获"国际乳品联合会（IDF）功能乳制品创新金奖"，这是中国乳品企业首次在国外获得的国际最高荣誉奖项。

2011年超额实现业绩增长目标，实现营业收入374.5亿元，同比增长26%。伊利不仅超额实现了增长目标，同时也释放出行业整体回暖的信号。2014年伊利成为唯一一家进入全球乳业十强的亚洲乳品企业。

2022年8月，荷兰合作银行发布2022年"全球乳业20强"榜单，伊利蝉联全球第五，并且连续九年稳居亚洲乳业第一，是中国唯一进入全球五强的乳制品企业，展现了我国乳业领军者的实力。

2.全球乳业品牌的塑造

（1）视品质如生命，牵手奥运

20世纪90年代，北美、澳洲、欧洲的乳业企业发展如火如荼，世界市场接近饱和。相对于国际市场而言，中国乳业起步较晚发展落后，而此时正值改革开放的关键时期，国内经济迅速发展，消费者收入水平显著提高，对提升个人身体健康的意识不断加强，国内乳制品的需求潜力巨大，来自世界各国的乳制品企业也在时刻关注中国乳品市场这块"大蛋糕"。随着改革开放的进程不断推进，世界知名乳制品品牌纷纷入驻中国，包括伊利在内的各大国产乳业品牌面临"内外夹击"的局面。怎样在竞争如此激烈的环境中脱颖而出，谋求一条属于自己的国际化品牌之路呢？

2002年，32岁的潘刚出任伊利集团总裁，是当时中国重点工业企业中最年轻的总裁。他认为伊利品牌国际化发展已势不可当，要想在世界乳业行业中立足并且获得更加广阔的市场和更加长远的发展，就要利用好参加国际赛事活动这一有力"工具"，积极踊跃地融入国际化舞台。

事实上，早在2001年中国申奥成功之际，潘刚就向公司提出了要成为奥运会服务商的提案。当时，由于集团考虑到伊利的品牌实力较弱，并且成为奥运会活动的合作商都是实力雄厚的全球知名品牌，也没有一家乳制品企业单独参与活动赞助，均认为这个提案并不可取。但是潘刚并没有放弃这一想法，依然积极探索寻求机会。

2002年，潘刚出任企业副总裁，全盘负责伊利的经营业务，他再次向集团提出了该议案，并坚定地说出了服务奥运的理由：首先，我们国家作为2008年奥运会的主办方，这是一次难得的历史机遇，中国乳品企业正值快速成长时期，行业竞争手段日益趋同化，抓住这次机会能够挖掘出伊利的竞争优势，在国内外竞争中脱颖而出；其次，成为奥运会服务商所获得的品牌效应并不是暂时的，奥运会作为世界级赛事，影响巨大，并且每一届奥运会的影响力可以持续四年之久，足以促成品牌的快速成长。虽然，这一次提案也遭到了一些领导人的反对，但是考虑到伊利当时所面临的困境，迫切需要整合分散性营销投资，而奥运会正好可以作为一个有力的平台对资源进行整合优化，能够有力提升品牌影响力，拓展经营业务。在潘刚的助力之下，伊利作为奥运会服务商的提案在集团内达成一致。

可是潘刚知道，这只是伊利入驻奥运会的第一步，接下来的任务才是最重要的。为了能让伊利入驻奥运会，潘刚成为伊利的"代言人"，他频繁地往返于呼和浩特与北京之间，积极寻求各级领导的帮助，不厌其烦地把伊利汇报给了所有与奥运会相关的负责人。作为"代言人"的同时，他也意识到产品品质是入驻奥运会的关键，要严格把控好伊利产品的质量关，加强质量监管体系建设，完善乳制品的产品标准。虽然伊利早已通过国家"中国驰名商标"以及ISO、HACCP等国际质量管理体系的认证，但是依旧不够成为一名优秀的奥运会合作商。为此，伊利向英国天祥集团寻求帮助，建立了严格的"三全"质量监管体系，立志超越国家标准和国际标准。

2005年11月16日，伊利集团"申奥"成功，作为唯一一家符合奥运会标准的乳制品企业，正式成为2008年北京奥运会的合作伙伴。

（2）迈向国际，实现全球"品牌织网"

成功"申奥"的经验为伊利日后的营销战略规划提供了更广阔的思路：一是要整合企业内部的资源，严格控制乳制品的品质；二是要在当时国内市场不成熟的情况下，巩固提高自身的竞争优势。潘刚认为对待奥运会这一机遇不能注重短期效益，而是要关注长远利益。

2006年，伊利通过企业扩张实施国内"织网计划"。在全国市场上进行深入考察，因地制宜选择投资策略。一年内，相继在湖北黄冈、安徽合肥、成都邛崃、山东济南、河北定州和江苏苏州进行投产设厂，由北到南，辐射整个国内市场，争取做到以最快的速度将产品送到顾客手中。

2008年奥运会在北京成功举办，伊利为来自全球 200 多个国家和地区的参赛运动员以及相关工作人员提供乳制品，获得了来自世界各国友人的一致好评，伊利成了中国乳制品企业的骄傲。随后的十几年中，伊利先后牵手了2012 年伦敦奥运会、2014 年索契冬奥会、2016 年巴西奥运会等，在2022年北京冬奥会上，伊利依旧助力于每一个奥运梦想者，成为我国发扬奥运精神不可或缺的营养支柱。

奥运会后，伊利的全球"织网计划"开始推进。除了参加国际赛事外，还成功牵手世博。2010年，伊利为上海世博会提供乳制品。通过这次活动，伊利再次走上了世界舞台的中央，在国际上实现了品牌价值的提升。

（3）让世界共享健康，构建全球乳业新丝路

2013 年，国家提出共建"一带一路"倡议，这一倡议的核心就是要进一步深化沿线区域城市合作共赢、推动沿线各地共同繁荣发展。这是继奥运会后，又一个将伊利介绍给世界的机会。2015 年 9 月 7 日，伊利集团在中欧企业家峰会上，全面阐述了由其首倡的"乳业丝绸之路"战略构想，分别从创新、质量、责任等方面提出了具体合作路径。2017年中国企业全球化论坛，伊利集团执行总裁张剑秋强调伊利将持续推进全球化战略，积极践行共建"一带一路"倡议，要走出"双整合，双输出"的"伊利路径"，实现"白色丝绸之路造福全球"。

2019年，伊利集团董事长潘刚在《人民日报》发表名为《抓住"丝路"机遇　打造健康生态圈》的文章，首次提出"全球健康生态圈"这一概念，勾勒出

"让世界共享健康"的伟大愿景。伊利以产品品质建设作为"白色丝绸之路"的起点，以高品质的产品服务于全球消费者，将世界人类健康落地为最终梦想，展现出大国企业的使命和担当，努力践行"一带一路"共商共建共享的原则，实现乳制品高质量发展，伊利的全球化道路由此迈上了新征程。

7.1.1.3 伊利的"全球织网"战略布局

1. 资源全球化

初夏的内蒙古"蓝蓝的天上白云飘，白云下面马儿跑"，大片牧场掩映在绿色中。如今的伊利集团，正是从这首歌的故乡走出去的。伊利集团借助欧洲创新中心、大洋洲生产基地和中美食品智慧谷不断拓展国际市场，成功跻身于全球乳业五强。时间回到2014年，此时的伊利在全国拥有自建、在建及合作牧场2 400多座，其中，规模化集中化的养殖在奶源供应比例中达94%。在此前潘刚做出了一个决定：走出去，要走出国门，融入世界乳业中去。可是走出国门哪是说说就能做到的，这条路荆棘丛生。当伊利集团副总裁包智勇回忆起2014年踏出国门的那段时光，不由得感慨："不容易，走出去很不容易。"

乳制品行业的产业链较长，涵盖上游环节牧草饲料、奶牛养殖，中游乳制品加工以及终端销售等多个环节，并且各个环节之间联系紧密，因此想要顺利地走出国门进行海外扩张，除了需要解决常规性问题外，还需要重视当地风俗文化、生态环境以及人员等诸多问题，这对伊利提出了巨大的挑战，最终伊利集团将目光锁定在了新西兰，将新西兰大洋洲乳业作为集团海外投资的第一个项目。

在新西兰，毛利人是当地的原住民，有着很大的影响力和话语权，天性热爱大自然同时有自己的信仰体系和诸多禁忌，对于来自海外的投资持有怀疑态度和抵触的心理，俄罗斯一家企业在此之前，也在当地进行投资，但是对于当地的经济运行以及乳业生产运作并没有带来积极的作用，反而在当地留下了一大堆复杂的债务问题，这让本地人更是抵触外来投资，伊利想要项目顺利进行就必须正视这一问题。

为了消除当地人的戒备心理并获取支持，伊利做出了诸多努力。最初与牧场主的谈判进行得并不顺利，伊利代表多次上门拜访牧场主领袖阿达·勒温，他是大洋洲乳业最大的股东，也是最"难搞"的一位，伊利将牧场管理、渠道管理等项目实际资料拿出，但是勒温仍旧存在着很强的防备心理，谈判进程一度滞缓。转折出现在邀请勒温前来中国考察参观，在内蒙古的伊利哈沙图牧场，目睹了一位员工在为奶牛更换沙床时跪着试软硬度，之后通过打听才知道这位员工是牧场的场长，这一幕触动了这位来自新西兰的牧场主领袖，他放下了最初的戒备心理，勒温牧场也成为伊利在新西兰当地工厂第一个签约的供奶商。

之后在项目开工仪式上根据当地的文化，专门请了四位毛利部落的长老祈福，仪式中，长老通过民族歌曲告诉伊利人世代居住的家园不可破坏，表明自己的态度，伊利人以蒙古族歌曲作为回应，悠长的旋律跨越了民族文化，将真挚的感情传递给了对方，其后毛利人与伊利人行当地的碰鼻礼，意味着呼吸相通，同时回以碰肚礼，表明肝胆相照。

经历长期的努力，最终在2012年12月购买了新西兰大洋洲乳业全部股份，并按照自身的标准成功建厂，加深了与当地的合作。2014年11月21日，中国国家主席习近平与时任新西兰总理约翰·基共同为伊利大洋洲生产基地揭牌，意味着全球最大的一体化乳业基地成立，覆盖了科研、生产、深加工、包装等多个领域，总体投资额高达30亿元，也创下中新两国投资规模的新纪录。一期工程的开始解决了当地近百人的就业问题，工厂雇用的员工几乎都是当地人。而后在基地真正投产不久，当地原奶价格严重下跌，给奶农带来了巨大的损失，部分不得已将原奶亏本抛售，伊利此时做出了一个决定，以高于成本的保底价格收购当地奶农手中的原奶，使得农场获得稳定的现金流，能够维持正常运转，这为日后的合作进一步打下了基础，当地近百名的牧场主动与伊利签订供奶协议。新西兰最大的报纸之一——《先驱报》评价道："中国的伊利集团是守信誉、负责任的企业，我们应欢迎更多伊利这样的中国企业来新西兰。"

2017年3月25日，伊利集团在新西兰奥克兰举行伊利大洋洲生产基地二期揭牌仪式。2019年8月1日，伊利成功收购新西兰第二大乳制品合作社威士兰（Westland）100%股权，并于当天在新西兰奥克兰举办股权交割仪式。2021年3月24日，伊利集团对位于新西兰西海岸的Westland霍基蒂卡工厂进行全面升级。

在新西兰建立婴幼儿奶粉项目外，从2013年开始，伊利与美国最大的牛奶公司DFA进行合作共建全美最大奶粉厂，与意大利斯嘉达的战略合作达成，联手推出进口高端牛奶培兰，同时在荷兰建立海外最高规格的研发中心。在美洲、大洋洲以及欧洲进行"全球织网"布局，整合全球产业链，汇集全球优质资源，以此融入世界乳业。

2.市场全球化

走出国门并非一朝一夕的事情，早在十多年前伊利就开始了对海外市场的考察，想要拓展海外市场，就需要在做好国内市场的基础上做好国际市场，过硬的产品和技术则是关键。伊利在全球范围内建立起统一的标准，在国标线的基础上提升50%设立企标线，在企标线的基础上再提升20%作为内控线，三条线的设定为"高品质"保驾护航。这意味着这套标准不仅高于国家标准，甚至还高于欧洲和美国等地区的标准，伊利将严格的质量管控标准应用于全球生产网络。此外，还建立海外研发中心进行创新技术研究，例如安慕希所应用的杀菌及包装技术，使得安慕希在不添加防腐剂的条件下，能够在常温的状态下储存并运输。伊利以优质海外资源为依托，产品和技术为基石，国内市场为保障，将市场扩展至全球范围。伊利的全球合作伙伴总计2 000多家，遍及6大洲，分布在39个国家。伊利在全球拥有15个研发创新中心、75个生产基地，旗下液奶、奶粉、酸奶、奶酪、冷饮等产品销往60多个国家和地区。

2008年，伊利牵手北京奥运会，为奥运提供乳制品。而后又为上海世博会提供服务，通过奥运会和世博会等重量级国际盛事，迅速积累了品牌在全球的知名度，在全球市场上积聚了品牌能量，为海外市场的拓展提供强有力的助力。

东南亚市场对乳制品的消费增长迅速，其中印度尼西亚为最大的经济体，市场前景广阔，加上中国与东盟全面战略合作伙伴关系的建立，为伊利进入印度尼西亚等东南亚市场提供了巨大帮助，伊利将目光投向了东南亚市场，经过充分的调研以及对消费者群体的深度分析，通过研发使得产品更加贴近当地市场需求。

2018年10月，伊利在印度尼西亚首都雅加达隆重举行Joyday冰淇淋的全球首发，面向印度尼西亚等东南亚地区推出高品质产品，伊利的执行总裁张剑秋讲道："Joyday冰淇淋的成功上市，标志着伊利将全面进入印度尼西亚等东南亚市场，以营养美味的乳制品，开拓一条让世界共享的'乳业丝路'，这是向全球消费者传递伊利品质，倡导健康生活的重要举措，是继欧洲创新中心、大洋洲生产基地和中美食品智慧谷之后，在全球织网上又迈出的重要一步。"同年，伊利借助"一带一路"的东风成功收购泰国本土最大冰淇淋企业Chomthana，并在泰国曼谷隆重举行了签约仪式，成功进入泰国市场，通过印度尼西亚和泰国两个基地的建设，使伊利相关的产品走进了比如日本、新加坡、马来西亚、菲律宾、柬埔寨以及缅甸等相关的多个亚洲国家和地区。同年11月，在首届中国国际进口博览会期间，伊利举办了"共筑世界品质——乳业全球合作伙伴论坛"。2020年，伊利Chomthana公司凭借领先的质量管控水平，被泰国公共卫生部食品药品监督管理局授予"2020 FDA质量奖"，这表明泰国对于伊利产品的充分认可。

伊利仍在不断探索并深化在全球范围内的布局，未来不断地扩展海外市场，与世界分享健康理念，向全球乳业第一的目标前进。

3.研发全球化

研发的全球化，让市场需求与全球科研力量碰撞。潘刚认为："伊利的全球化需要的不仅是整合全球的优质自然资源，需要全球的技术、人才等智力资源。"随着千禧一代的崛起，中国逐渐进入消费新时代，消费者对产品的个性化、定制化和多样化等方面的需求越来越强烈。企业要想在激烈的竞争中赢得未来，占领市场，就必须在提升自身的核心竞争力上发力，不断地研发和创新。"不创新，无未来"，伊利集团同样如此，不断地提倡企业核心价值观"持续学习、勇于尝试、不断创造价值"，不断进行研发和创新并大力开拓市场。在凯度消费者指数发布的《2020 年亚洲品牌足迹报告》中，伊利集团凭借 91.6% 的品牌渗透率、近13亿的消费者触及数和近 8 次的购买频次，连续五年位列中国市场消费者选择最多的品牌榜首。伊利几乎成了家喻户晓的品牌，产品也受到广泛好评。在这个大部分企业都重视研发和创新的时代，创新研究已经成为"显学"，设立海外研发中心也是跨国集团开拓业务中的一部分。那么，伊利又是凭借什么研发模式获得成功的呢？在中荷经贸论坛上，伊利集团董事长潘刚为此提供了答案，他称这种研发模式为"反向创新"。

所谓"反向创新"本来是前研发领域的词汇，是指一种与"全球化＋本土化"相反的商业和创新模式。在"全球化＋本土化"模式中，跨国企业将创新重点放在其所在的发达国家，将研发成果及产品推向世界其他国家和地区的市场，并针对当地情况对技术和产品进行轻微调整。可以看到很多欧美市场上的产品，不仅是"Made in China"（中国制造），而且也是"Developed in China"（中国研发），在东道国进行生产制造的同时也在进行相应的研发，就是典型的"反向创新"。

在中荷经贸论坛上，潘刚说："无论是中国人还是西方人，全球化的进程已经推动双方同样开始打破自己惯常的思维方式，引入来自另一经济体的技术和服务。在这一过程中，创新技术真正实现了双向流动，好的产品、技术和服务，真正意义上产自全球，也走向全球。"这样的"反向创新"，不仅是在东道国的制造与研发，而是技术的双向交流，这显然已经不是单个项目所能完成的，而是需要将海外研发常态化、平台化以促进合作交流。

基于这样的理念，研发实体——伊利欧洲研发中心诞生了。2014年，伊利集团和荷兰瓦赫宁根大学合作共同成立了背靠荷兰、面向欧洲的研发实体伊利欧洲研发中心，这是乳制品产业目前规格最高的海外研发中心，也是中荷共建食品监测体系开展的依托。伊利集团投的这一"石"在各大国内外主流媒体中激起千层浪，伊利欧洲研发中心揭牌当天便引起包括路透社、华尔街在线、CBS、NBC等400多家国外主流媒体的争相报道。路透社在"头条新闻"（Top News）版块中以简讯的形式率先报道伊利集团联手荷兰瓦赫宁根大学设立伊利欧洲研发中心一事，华尔街在线则认为，这次伊利海外战略的升级，对乳业未来发展方向的影响不可小觑。

潘刚的"反向创新"模式实现了海外研发平台的价值最大化，伊利的欧洲研发中心聚集了乳业的智慧、研发资源以及科研成果，这也是伊利欧洲研发中心能这么快成功的密码，实现了真正意义上的研发的全球连接。2014年的伊利全球研发创新网络体系建设硕果也不止于此，此次的研发全球网络布局也包括和南半球著名的农业和食品专业大学——新西兰林肯大学签署战略合作协议，伊利集团还主导实施了中美食品智慧谷，聚集众多高校、科研院所和机构，在"营养健康、产品研发、食品安全、生态环保"等多个领域展开全方位立体式合作，高效整合全球优势创新资源。

众所周知，新时代产品更迭的速度都异常快，从而影响相关的重点研究领域。2015年3月26日，伊利欧洲研发中心针对"食品安全早期预警系统"及"母乳数据库"等内容签署重要合作协议，2018年9月12日，伊利再次出现在荷兰的瓦赫宁根大学，为举行欧洲创新中心升级的揭牌仪式，再一次将全球研发力量连接起来。出席该活动的中国国际商会副秘书长张屹认为，伊利欧洲研发中心从建立到升级，跨越了不同领域，打破了国界、洲际的空间界限，更以市场融合了不同的文化，既满足企业的技术需求，也让研究机构的创新直接形成转化。

伊利集团的全球化布局并没有随着时间而停滞，相反，随着时间的推移，伊利的全球化研发之路越走越宽。2020年，在新冠疫情暴发导致经济形势严峻的情况下，伊利集团继续推动全球产业链的创新合作，在研发、技术和创新方面持续加大投入，依托覆盖亚洲、欧洲、大洋洲和美洲的全球创新网络平台，实时利用大数据洞察消费者深层次需求，不断创新产品品类，加快布局大健康领域。伊利的《2021年年度报告》显示，2021年伊利实现营收1 105.95亿元，同比增长14.15%；净利润35.08亿元，同比增长24.08%；伊利研发投入达到6.01亿元，同比增长23.39%，远高于行业水平。在因疫情全球经济倒退的情况下表现可谓逆势增长，健康发展，其中伊利的全球研发网络功不可没。

市场分析人士表示："持续推进全球创新网络体系建设是伊利创新战略的题中之

义，也是创新驱动企业可持续发展的现实路径。可以预见，随着其内容的不断丰富和影响力持续提升，对伊利挺进'全球乳业五强'产生更强大的推动力，对中国乳业创新也将产生积极示范效应。"

4.人才全球化

首先，以文化融合汇聚人的力量。每个国家的企业在海外开拓业务的过程中，首要的任务便是了解当地的风土人情、民俗习惯、宗教信仰，尽量减少文化差异带来的冲突，获得当地人民的信任和支持。2014年，伊利集团新西兰举行了伊利大洋洲生产基地二期揭牌仪式。到2016年时，虽然项目一期生产基地目前已经运营了两年半，但回想起2014年项目建设之初，伊利集团副总裁包智勇仍不由得感慨："不容易，走出去很不容易。"

其次，本土化方案吸纳当地人才。伊利在新西兰的项目考察过程中，碰到了一位解决了许多乳业技术难题的人才——森·洛奇，新西兰人，一位50多岁头发发白快退休的男士，拥有高水准的品控技能。于是在大洋洲乳业基地项目筹建时，急需当地高级管理人才的伊利便想到了洛奇。双方沟通后，洛奇认为伊利作为国际化企业，为他们创建一个新工厂，既有挑战又有趣，便欣然同意了。在伊利吸纳海内外人才的故事里，因其内行专业度吸引的人才不在少数。此外，除经验丰富的管理人才，伊利集团副总裁包智勇说："项目上的雇员几乎全是新西兰的本地员工，帮助当地增加就业机会。"大洋洲乳业基地项目80%是新西兰本地雇员，管理、生产、研发等各个环节很好地融合也进一步促进了项目的成功。

除了吸引人才以外，伊利还参与了培养当地乳业"储备型人才"。伊利大洋洲乳业生产基地总经理罗杰说道："我们希望通过自己的努力，帮助年轻人成长。这样一方面能够参与当地的社区发展，另一方面也能为加强中新两国人民交往作出贡献。这也是伊利一贯坚持的理念。"在这种理念的引导下，伊利大洋洲乳业生产基地为怀马特地区有志于进行乳业研究和中新交流的中学毕业生设立了一项奖学金，践行帮助年轻人成长，为自身储备人才。

7.1.1.4 沟通全球的伊利乳业"白色丝绸之路"

1."白色丝绸之路"的中国行者

在伊利走向国际化的关键时节，恰逢共建"一带一路"倡议提出，此时的伊利紧紧抓住了这一机遇，整合全球优质的物质资源和智慧资源，不断输出中国方案和中国标准，搭建让世界共享健康的"白色丝绸之路"。

2013年，伊利牵手意大利乳品生产商斯嘉达公司，此次合作对于伊利有着举足轻重的作用。一方面，伊利可以借助斯嘉达的技术推出更高营养价值的高端乳品，与国内竞品形成差异化竞争；另一方面，意大利液体奶的输出价格远低于国内平均水平，通过与斯嘉达的合作伊利获得了更低成本的国际原奶资源，压缩了生产成本。

2014年，伊利开始抢占新西兰优质奶源。当年年底，伊利在新西兰打造了全球最大的一体化乳业基地，据报道，这一项目投资总额高达30亿元。同年，伊利携手荷兰瓦赫宁根大学共同打造了欧洲研发中心。

2015年9月，伊利应邀出席巴黎举办的2015年中欧企业家峰会，全面阐述了由其首倡的"乳业丝绸之路"战略构想，分别从创新、质量、责任等方面提出了具体合作路径。

2017年，伊利新西兰生产基地二期揭牌。

2018年，伊利欧洲研发中心升级为欧洲创新中心。从"研发"到"创新"反映了伊利海外计划的再升级：不仅是产业链上的合作，伊利要在创新研发、人才交流、资源共享等方面与海外进行深度合作。

2018年10月，伊利将印度尼西亚作为开拓东南亚市场的首站，在首都雅加达举行了Joyday冰淇淋的全球首发。随后，伊利又收购了泰国本土最大冰淇淋企业Chomthana。

2019年4月，伊利全球合作伙伴大会上，利乐公司大中华区副总裁吴峻应邀参加，在会上深有感触道："在合作中，我们发现伊利是一家具有全球战略眼光的企业，伊利提出的全球网络着眼全局，链接全球，将乳业发展推向了一个更高更广的领域，也搭建了全球互惠共赢的平台。"仅在这次大会上，与伊利签订战略合作协议的全球知名企业多达14家，这使得伊利的全球化战略更近一步。

同年4月28日，潘刚在《抓住"丝路"机遇 打造健康生态圈》一文中首次提出构建"全球健康生态圈"，实现"让世界共享健康"的梦想。

2022年3月，伊利完成了对澳优乳业的全面收购，成功锁定"中国奶粉行业领导者"的地位。这将进一步加速伊利实现2025年全球乳业前三的步伐。

作为中国乳业龙头的伊利是共建"一带一路"倡议的先行者，无论是在欧洲构建并升级质量管理体系，还是在欧洲成立伊利欧洲研发中心；无论是在美洲主导实施中美食品智慧谷，还是在大洋洲建立规模大的乳业一体化生产基地；抑或是十年两次入选哈佛教学案例，都是伊利织网布局下，积极践行共建"一带一路"倡议的重要举措，为我国其他企业"走出去"做出了有益的探索。而伊利积极践行共建"一带一路"倡议，不仅为伊利的产品增添了品质保障，同时也树立了典范，带动更多的企业加入践行"一带一路"倡议的行列中来。

共建"一带一路"倡议提出以打造人类命运共同体为目标，其中蕴含的"互惠""共赢"的思想，正是伊利"全球健康生态圈"的重要内涵。

2.疫情形势下的逆势增长

2020 年初，新冠疫情暴发，给正处于产销旺季的乳制品企业带来巨大挑战，伊利自然也深受影响。但值得注意的是，在疫情肆虐的 2020 年，全球前五强乳企中仅有两家实现了逆势增长，伊利便是其中一家。作为为数不多的逆势增长者，伊利凭借全产业链竞争优势经受住了前所未有的考验，2020 年营业总收入高达 968.86 亿元，较上年同期增长 7.38%，净利润 70.99 亿元，较上年同期增长 2.13%。

作为 2022 年冬奥会的唯一官方乳制品合作伙伴，伊利集团成功在全世界人民面前刷了"存在感"。苏翊鸣、武大靖、范可新、徐梦桃……说起这些在本届北京冬奥会中闪光的名字，大家都不会陌生。但他们还有一个共同的名字，叫作"伊利冬奥天团"。借助 2022 年冬奥会的"东风"，伊利围绕"奥运品质，我耀此刻"为主题开展春促和冬奥整合营销，推动终端、电商、新零售以及小程序等多平台联合发力带动销量。数据显示，冬奥营销让消费者对伊利产品的购买意愿创历史新高，母品牌实现 22% 销售额增速，创造历史最佳。冬奥热度还未完全退去，伊利的虎年"开门红"就接踵而来。3 月 10 日晚间，伊利发布牛年首份双月报，可谓喜上加喜。

对于伊利来说，除了国内市场之外，积极稳步推进海外业务也是重中之重，搭建国内外业务"双循环"发展格局是其重要任务。2020 年伊利设在印度尼西亚的工厂已完成主体建设；公司在泰国的年度销售额同比增长了 68%；同时，安慕希以差异化占位东南亚高端酸奶市场，进一步加快了国内及海外业务的融合。伊利连续三年稳居"全球前五强"，连续九年保持"亚洲乳业第一"，对于伊利来说，其战略目标绝不仅止于此。2020 年底，在伊利集团领导力峰会上，伊利就提出了新的战略目标：2025 年挺进"全球乳业三强"，2030 年稳健迈向"全球乳业第一"。

2022 年是伊利战略落地关键的一年，太平洋证券预计，伊利的收入将实现双位数增长，利润率持续铆定每年提升 0.5 个点的目标。在当前疫情频发的外部环境下，需求端呈现了很强的韧性，原奶波动趋缓背景下、行业竞争仍保持克制和理性。对澳优乳业要约收购达成后，公司在羊奶粉、婴幼儿营养食品细分领域更具竞争力，可以在全产业链上实现更大的协同效应。

不仅要做中国的伊利，也要做世界的伊利。当前在疫情反复的大背景下，大众品整体需求仍旧疲软，乳制品板块由于其非周期性和必选消费属性，同时受益于人们健康意识的提升，需求仍在逆势上扬，殊为不易，伊利在国内市场基本稳固的前提下，坚持瞄准全球化，将打开新的增长空间。如果说全球乳业市场的比拼也是一场激烈的奥运比赛的话，消费者的认可，就是那块无形的沉甸甸的金牌，时刻激励也鞭策着伊利，朝着成为全球乳业第一的目标迈进。

7.1.1.5 启发思考题

（1）伊利集团为什么要选择"全球织网"战略？"白色丝绸之路"的含义是什么？

（2）伊利集团是通过什么样的方式来践行自己的"全球织网"战略的？进入大洋洲、欧洲和美洲地区的方式有何不同？

（3）伊利集团基于何种考量来把新西兰作为国际化的首要选择的？

（4）伊利集团"反向创新"模式为什么会取得很好的效果？"反向创新"模式和"正向创新"模式的路径和优劣势分别是什么？

（5）伊利集团全球化战略的成功经验对其他企业有何借鉴之处？

（6）伊利进一步推进"全球织网"战略应采取什么措施？

7.1.2 全球织网：伊利集团的"白色丝绸之路"案例使用说明

7.1.2.1 教学目的与用途

1.适用课程

国际投资与跨国企业管理、国际商务、国际贸易、战略管理等。

2.适用对象

国际经济与贸易专业、国际商务专业本科生和硕士生、MBA和EMBA学生，也适合具有一定工作经验的管理者学习。

3.教学目的

本案例以伊利集团国际化发展历程为基础，阐述其实施"全球织网"战略，布局乳业"白色丝绸之路"的过程，通过对案例的深入分析与探讨，使学生掌握中国民营企业"走出去"的国际化战略知识，具体教学目标如下：

（1）掌握国家民营企业国际化战略相关基本知识点，对外直接投资理论动机与国际化理论。

（2）学生能够从资源全球化、市场全球化、研发全球化和人才全球化视角去理解一个企业成功实现全球化的路径。

（3）学生能够将对外直接投资与国际化理论结合，深入理解案例企业"全球织网"布局原因。

7.1.2.2　启发思考题的分析思路

问题 1：伊利集团为什么要选择"全球织网"战略？"白色丝绸之路"的含义是什么？

教师首先应帮学生厘清"全球织网"与"白色丝绸之路"的含义，可列举一些常见的例子帮助理解，比如从"国内织网"到"全球织网"的转变；从伊利的全球生产网络出现实现资源全球化；从持续推进全球创新网络体系建设实现企业的研发全球化；通过跨国并购等方式进入大洋洲和欧洲市场。

问题 2：伊利集团是通过什么样的方式来践行自己的"全球织网"战略的？进入大洋洲、欧洲和美洲地区的方式有何不同？

通过介绍企业国际化的惯常路径，如通过出口贸易、契约、投资和国际战略联盟等，分别介绍一下各种方式的优劣势，让学生将所学理论知识融入案例分析中。归纳起来，具体包括三大类：一是出口，即国内生产，国外销售，这是一种传统、简单、风险最低的进入方式；二是合同进入，又称非股权进入，它有多种具体的形式，而且富有较大的灵活性和实用性；三是对外直接投资，又称股权进入，即企业直接在目标市场国投资，就地生产，就近销售，在两个或两个以上国家中的两个或更多的企业，为实现某一战略目标而建立的合作性的利益共同体，包括非股权的松散结盟形式、股权所有制形式和双方出资共同拥有合营企业等。

伊利进入大洋洲和亚洲的模式主要是采用对外直接投资中的跨国并购模式。伊利在大洋洲是通过全资收购新西兰第二大乳制品合作社威士兰 Westland 100% 股权、收购泰国本土最大冰淇淋企业 Chomthana 96.46% 股权的模式进入市场；伊利在美国，是与美国最大牛奶企业 DFA 达成战略合作。一方面，外资品牌可以借助国产品牌进入中国市场；另一方面，有助于加快伊利在全球奶业资源的布局，有利于伊利缓解国内原奶供应偏紧、价格持续上升的压力，增强伊利市场竞争力，并缩小企业在国际化发展上与国外企业的差距。

问题3：伊利集团基于何种考量来把新西兰作为国际化的首要选择的？

引入对外直接投资相关理论，特别是区位优势理论来解释企业对外直接投资的动机。拥有所有权优势和内部化优势的跨国公司在进行直接投资时，首先面临的是区位选择，即是在国内投资生产还是在国外投资生产。如果在国外投资生产比在国内投资生产能使跨国公司获得更大的利润，那么就会导致对外直接投资。所以，对外直接投资的流向取决于区位禀赋的吸引力。在现实生活中，区位条件是由投资国和东道国的多种因素决定的，这些因素主要包括贸易障碍、政府的政策、市场的特征、劳动成本、当地的生产水平以及原材料的可供性等。区位优势的大小决定着跨国公司是否进行对外直接投资和对投资地区的选择。

下一步对新西兰成为优质乳业代名词的原因进行剖析，分析其特有的区位优势，也就是伊利企业集团的对外直接投资动机。"只有在纯净的地方，才能养育出最健康的奶牛，才能生产出最纯净的牛奶。"这是国际乳品行业给予新西兰乳品的评价。新西兰位于南太平洋，有三分之一的国土是国家公园或自然保护区，保持着原状的大自然，纯净、原始、环境保护良好，同时也是一个奶牛数量超过人口总数的国家，广阔无边的肥沃牧场孕育着优质的奶源，是国际公认的优质奶源地之一，农畜牧业、旅游是其主要产业。新西兰目前有人工草场约900万公顷，约占全国草场总面积的70%。为了保护新西兰"纯净"的形象，新西兰政府对工业的控制几近苛刻，一切以保护自然环境、保障绿色可持续发展为出发点，由此，以畜牧为主业的新西兰被誉为奶牛"天堂"。新西兰是至今唯一没有暴发过口蹄疫和疯牛病的国家，连荷兰都难与之相比。可以说新西兰发展乳业兼具了资源优势、政策优势、全球市场优势、品牌优势、价格优势，成为吸引全球乳业集聚的优质区位，伊利将国际化的目光首先聚焦于此，其寓意不言而喻。

问题4：伊利集团"反向创新"模式为什么会取得很好的效果？"反向创新"模式和"正向创新"模式的路径和优劣势分别是什么？

有"反向创新"模式就会有"正向创新"模式。"正向创新"模式是指正向确定技术路线，依靠自主技术积累构建核心技术链，从核心技术、标准等技术链高端环节出发，构建完整产业链，最终形成产业主导权和竞争力的一种创新模式；其特点是技术的原创性和高端性、创新的协同性、产业链的完备性；但简单的正向局部创有很容易失败。一个企业不能简单地做局部正向创新，而是要全面地系统地创新，不能仅仅从标准形成专利，从专利形成主导产品，然后销售就算完成了企业的技术创新。"反向创新"本来是前研发领域的词汇，是指一种与"全球化＋本土化"相反的商业和创新模式。在"全球化＋本土化"模式中，企业创新起点是其所在的发达国家，然后将研发成果及产品推向世界其他国家和地区的市场，并针对当地情况对技术和产品进行轻微调整。可以看到很多欧美市场上的产品，不仅是"Made in China"（中国制造），而且也是"Developed in China"（中国研发），在东道国进行生产制造的同时也在进行相应的研发，就是典型的"反向创新"模式。

再引入伊利集团的"全球织网"战略实施，从资源全球化、市场全球化，特别是研发全球化和人才全球化战略，从中厘清了伊利集团通过全球化布局最终实现了"双整合"和"双输出"的战略效果，铺就了一条伊利集团"让全球共享健康的乳业白色丝绸之路"，"双整合"意味着伊利整合全球优质的物质资源和智慧资源，"双输出"精准洞察消费升级、持续创新产品的中国方案和中国标准。

问题5：伊利集团全球化战略的成功经验对其他企业有何借鉴之处？

首先，教师向学生进一步阐述伊利国际化的成就。伊利以优质海外资源为依托，产品和技术为基石，国内市场为保障，将市场扩展至全球范围。伊利的全球合作伙伴总计2 000多家，遍及6大洲，分布在39个国家。伊利在全球拥有15个研发创新中心、75个生产基地。接着让学生分析伊利集团国际化迈进的每一步都取得了什么样的成就，上升到垄断优势和跨国公司内部化优势角度来分析伊利集团的国际化。"品质如生命"的产品理念，"双整合"的战略资源寻求型的战略动机，"双输出"的民族气概；"让全球共享健康的乳业白色丝绸之路"的崇高理想，这些都是伊利集团国际化战略成功的重要因素，归根结底，无论是个人还是企业都不是随随便便就能成功的，机会是留给有准备的人的。伊利集团的成功离不开每一个伊利人的努力。

问题6：伊利进一步推进"全球织网"战略应采取什么措施？

这是一个开放性问题，要求每个学生都积极作答。结合伊利2020年提出的中长期发展战略目标，"世界八强，五强，突破千亿，2030年实现全球乳业第一的中长期战略目标"，分别从资源全球化、市场全球化、研发全球化和人才全球化视角，谈一谈伊利集团下一步该做什么。

7.1.2.3　理论依据及分析

1.国际生产折中理论

英国里丁大学学者约翰·邓宁（J.H.Dunning）于 1977 年正式提出了国际生产折中理论。邓宁将跨国公司拥有的优势分为所有权优势、内部化优势和区位优势，其中所有权优势和内部化优势是企业开展对外直接投资的必要条件，区位优势是对外直接投资的充分条件，这一理论用以系统性地说明国际直接投资的动因与条件。

Dunning（1998）将国际化动因归纳为四种类型：（1）资源寻求型：获取更优质低廉的资源，其中包括土地、劳动力、资本等。（2）市场寻求型：开发全球市场洼地，以市场扩张为主要动机。（3）效率寻求型：以降低运营成本为目的，通过全球范围的要素配置，实现规模效应或协同效应，利用区位优势获得税收减免等。（4）战略资产寻求型：以获取技术知识、学习经验、管理技巧和组织能力等为动机。战略资产是指一系列难以交易和模仿、稀缺的、具有独占性的能成为企业竞争优势的资源和能力，例如技术能力、品牌管理、对分销渠道的控制等。不同的国际化动因也会对国际化进入模式产生影响。国际化进入模式的选择主要集中在两个方面：一是建立方式的选择，即是选择并购还是绿地投资；二是股权结构的选择，即选择占有全部股权还是部分股权。影响企业选择并购还是绿地投资的因素主要有研发强度、多元化程度、海外经验、文化距离、企业国际化战略等。影响股权结构的因素主要有资产专用性、东道国的环境不确定性、东道国制度环境、国际化经验等。

2.全球价值链理论

全球价值链理论起源于价值链理论。20世纪80年代，美国哈佛商学院教授迈克尔·波特在《竞争优势》一书中首次提出了价值链的概念，他认为企业的价值创造过程主要分为两个部分，一是包含生产、营销、运输和售后服务在内的基本活动，二是原料采购、技术研发、人力资源管理和财务管理的支持性活动。Gereffi（1994）在价值链理论基础上提出了"全球商品链"的概念，之后学者们在此基础上建立了"全球价值链"概念，用以描述产品的价值增值过程及在全球范围内的分布。全球价值链包括地域分布、投入产出、体制结构和治理四个要素，生产者驱动和购买者驱动两种类型。在全球化背景下，企业通过嵌入全球价值链中实现国际化转型，Humphrey 和 Schmitz（2000）提出四种升级路径，具体为改造生产制造工艺的工艺升级，引进或自主研发新产品的产品升级，依靠自主品牌把握价值链战略环节的功能升级，以及转向新价值链的链条升级。

"微笑曲线"从产品附加值角度对全球价值链做了新的解释。"微笑曲线"是1992年宏碁集团董事长施振荣为了"再造宏碁"提出的理论。如图7-1所示，曲线的左端代表价值链的上游，集中表现为研发设计环节，是企业在全球化竞争中发展的重要基础。曲线的中部代表生产制造环节，劳动力最为密集的环节，产品附加值较低。曲线的右端代表品牌建立、服务及营销设计的价值链下游环节，为产品创造较高附加值，这一环节竞争主要是地区性的。当前制造产生的利润很低，全球制造也已经供过于求，因此产业的升级应向曲线附加值高的两端发展，也就是加强研发和以客户为导向的营销服务。

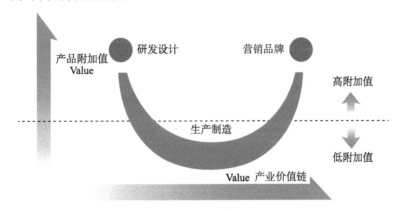

图 7-1 产业链"微笑曲线"

3.技术创新理论

技术创新理论是熊彼特（Joseph. A. Schumpeter）在其《经济发展理论》中系统地提出的。"创新"就是一种新的生产函数的建立（the setting up of a new product in function），即实现生产要素和生产条件的一种从未有过的新结合，并将其引入生产体系。创新一般包含5个方面的内容：（1）制造新的产品：制造出尚未为消费者所知晓的新产品；（2）采用新的生产方法：采用在该产业部门实际上尚未知晓的生产方法；（3）开辟新的市场：开辟国家和那些特定的产业部门尚未进入过的市场；（4）获得新的供应商获得原材料或半成品的新的供应来源；（5）形成新的组织形式创造或者打破原有垄断的新组织形式。创新不仅是某项单纯的技术或工艺发明，而且是一种不停运转的机制。只有引入生产实际中的发现与发明，并对原有生产体系产生震荡效应，才是创新。

技术创新的轨道和范式分为线性范式和网络范式。20世纪70年代，在熊彼特的影响下形成了创新研究的线性范式。该范式认为技术创新一般经历发明—开发—设计—中试—生产—销售等简单的线性过程，局限于单个企业内部的技术过程。后来的研究发现外部的信息交换及协调对于创新具有重要的作用，它可以有效克服单个企业技术创新时的能力局限，降低创新活动中的技术和市场不确定性。此后，创新研究的视野从单个企业内部转向企业与外部环境的联系和互动，导致网络范式的兴起。阿歇姆（Asheim. T，1998）对线性范式与网络范式的特征进行了比较。

表7-1　线性范式和网络范式技术创新的比较

类别	线性范式技术创新	网络范式技术创新
重要部门	大企业和研发部门	小企业和大企业、研发部门、客商、供应商、技术性大学、公共机构
创新过程中的重要投入	研发	研发、市场信息、技术竞争、非正式实践知识
地理后果	大多数创新活动（研发）发生在中心区域	创新活动在地理空间上扩散
典型的工业部门	福特时代的制造业	柔性工业部门

7.1.2.4　关键要点

本案例分析的关键在于厘清伊利集团的"全球织网"国际化战略的实施与伊利集团成长壮大的关系，揭示从"国家织网"到"全球织网"打造世界共享健康的"白色丝绸之路"的演变逻辑，弄清楚伊利集团国际化动因与进入模式的演变，进而影响其资源全球化、市场全球化、研发全球化和人才全球化的国际化布局升级。通过伊利集团国际化历程演变，总结其成功实现"全球织网"战略的关键驱动要素，对于中国其他民营企业"走出去"具有借鉴意义。

教学中的关键要点在于：

（1）企业进行对外直接投资的动因分析。厘清伊利集团为什么要进行"全球织网"战略布局，走"全球共享健康的乳业白色丝绸之路"的动机和逻辑是什么，引入邓宁的国际生产折中理论来解释伊利集团的国际化道路。

（2）融入全球化参与乳业全球价值链的方式和动态过程。伊利集团进入大洋洲、亚洲、欧洲和美洲的方式不同，有出口贸易、跨国并购和契约进入，让学生了解这几种方式的区别以及具体运用的情境。

（3）企业技术创新的轨道和范式。技术创新的轨道和范式分为线性范式（"正向创新"模式）和网络范式（"反向创新"模式），分析各自的优缺点，剖析伊利集团的"反向创新"模式的成功逻辑。

（4）国际化战略的内容及其获取成功的影响因素。国际化战略包罗万象，主要包括资源全球化、生产全球化、市场全球化、研发全球化和人才全球化等，通过分析伊利集团在这几方面的渐进式全球化路径，总结其经验，为我国其他民营企业国际化提供经验借鉴。

（5）从全球价值链和全要素产业链角度分析伊利集团的国际化的未来之路。国际化的实现可以通过价值链上下游一体化嵌入，还可以嵌入新的全球价值链。伊利集团的"全球织网"战略应注意从阶段发展差异性、国家情境差异性考虑。

7.1.2.5　建议课堂计划

1.教学计划

本案例作为专门的案例讨论课来进行。表7-2是按照时间进度提供的建议课堂计划，仅供参考。整个案例课的课堂时间控制在 2 节课（90分钟）。

表7-2　建议课堂计划

序号	内容	教学活动	形式	时间
1	课前准备	发放案例正文，提出启发思考题，请学生在课前完成阅读和初步思考，并了解国际直接投资相关理论、全球价值链理论、国际化等理论知识，以小组为单位准备汇报PPT	小组阅读并制作展示PPT	提前两周
2	课堂阅读	对于伊利集团的国际化发展路径，即"全球织网"和"乳业白色丝绸之路"，以及伊利的"反向创新"和未来的国际化道路做进一步探讨，在原来准备的PPT基础上补充发言提纲	小组讨论，补充汇报内容	15分钟
3	小组发言	针对上述思考题，随机抽取三个小组汇报	小组汇报，教师记录	每组15分钟共计45分钟
4	讨论交流	选取未汇报的小组对汇报小组打分并提出建议	教师与学生深度讨论	20分钟

7.1.2.6　相关附件

案例学习中，需要伊利集团有关的财务报表和其他排名等数据资料，如图7-2、表7-3、表7-4所示。

2022	2021	Logo	Name	Country	2022	2021
1 =	1	(PM)	Ylli	■	$10,594M	$9,591M
2 =	2	Danone	Danone	▮▮	$7,860M	$8,206M
3 =	3	蒙牛乳业	Mengniu	■	$5,533M	$4,788M
4 =	4	Arla	Arla	▆▆	$3,526M	$3,139M
5 =	5	Amul	Amul	☰	$3,255M	$3,133M
6 ∧	7	VINAMILK	Vinamilk	■	$2,814M	$2,383M
7 ∧	8	المراعي Almarai	Almarai	■	$2,733M	$2,203M
8 ∧	9	PRÈSIDENT	Prèsident	▮▮	$2,310M	$2,090M
9 ∧	10	Yakult	Yakult	●	$2,144M	$1,985M
10 ∨	6	Enfamil	Enfamil	▆▆	$2,141M	$2,414M

图 7-2　2022 年全球最具价值乳品品牌 10 强

表 7-3　2021 年伊利集团的毛利率变动情况和竞争力对比

序号	股票代码	股票简称	现价/元	涨跌幅/%	销售毛利率/%（2021.12.31）	行业简称	销售毛利率行业排名（2021.12.31）	销售毛利率行业排名名次（2021.12.31）
1	002570	贝因美	4.97	0.40	46.92	乳品	1/19	1
2	300915	海融科技	40.14	2.37	43.66	乳品	2/19	2
3	001318	阳光乳业	20.11	0.15	38.53	乳品	3/19	3
4	600882	妙可蓝多	37.79	2.14	38.21	乳品	4/19	4
5	605179	一鸣食品	11.13	0.54	31.07	乳品	5/19	5
6	600887	伊利股份	37.33	0.81	30.62	乳品	6/19	6
7	002732	燕塘乳业	19.05	0.00	27.84	乳品	7/19	7
8	600429	三元股份	4.97	0.81	25.48	乳品	8/19	8
9	002946	新乳业	11.92	2.32	24.56	乳品	9/19	9
10	300892	品渥食品	26.27	0.54	24.26	乳品	10/19	10

表 7-4　伊利集团的利润表及现金流量表相关科目变动分析表

科目	本期数/元	上年同期数/元	变动比例/%
营业收入	110 143 986 386.03	96 523 963 249.92	14.11
营业成本	76 416 705 532.38	67 452 947 320.29	13.29
销售费用	19 314 809 749.71	16 883 558 628.86	14.40
管理费用	4 227 073 064.46	3 882 898 597.27	8.86

科目	本期数/元	上年同期数/元	变动比例/%
财务费用	−29 158 814.97	188 090 069.95	不适用
研发费用	601 017 082.00	487 099 849.41	23.39
经营活动产生的现金流量净额	15 527 519 680.07	9 851 639 164.55	57.61
投资活动产生的现金流量净额	−7 796 983 491.32	−9 043 091 554.41	不适用
筹资活动产生的现金流量净额	11 945 206 600.37	−46 562 009.53	不适用

7.1.2.7　参考书目及文献

1.讲义材料：教学案例正文

2.参考书目

(1)《全球价值链：测度与应用》

作者：苏庆义

ISBN：978-7-5203-7865-9

出版日期：2021年3月

出版社：中国社会科学出版社

(2)《企业国际化之道：来自硅谷的海外拓展策略》

作者：[美]罗伯特·帕尔斯坦、[美]珍妮特·格雷戈里著，崔增娣、蒋兰、徐鹏译

ISBN：978-7-3002-5411-1

出版日期：2018年10月

出版社：中国人民大学出版社

(3)《贸易自由化视域下中国乳业国际化发展研究》

作者：王琛、刘芳、何忠伟

ISBN：978-7-5223-0314-7

出版日期：2021年6月

出版社：中国财政经济出版社

(4)《创新政策·技术经济·发展》

作者：马名杰

ISBN：978-7-5095-6448-6

出版日期：2015年12月

出版社：中国财政经济出版社

3. 参考文献

（1）王广.中国乳业国际化的困境与破局[J].乳品与人类，2016（6）：26-29.

（2）作者不详.中国乳业的下一个拐点：国际化双循环[J].乳品与人类，2022（2）：1.

（3）利昂内尔·奥巴迪亚，彭姝祎.全球化的科技、科技全球化与数字全球化：信息通信新技术与全球化之间是何联系？[J].第欧根尼，2022（1）：43-65，150-151.

7.2　家国情怀，步步为赢：华为国际化之路

7.2.1　案例正文

回顾华为三十多年的全球化发展历程，从迈出国门第一步，到踏上国际化之路，最终成为一个真正的全球化企业。其中，既有任正非"家国情怀"的产业雄心及打造"世界级企业"的志向，也有其自始至终不曾消减的创业精神。这种创业精神表现为，在技术研发上，坚持自强自立，长期保持高强度研发投入，掌握核心技术和通行国际标准，广泛开展国际化技术合作。华为在国际化探索过程中，实现"标准追随者"到"标准主导者"的身份转换。但是，华为国际化进程并不是一帆风顺的，面对美国的科技封锁，华为从公开透明不回避、聚焦科技创新、剥离次要产品以及开发合作市场方面进行积极应对。华为为中国企业国际化树立了标杆，越来越多的优秀民营企业将会以华为为榜样，走出国门，走向世界，创造新的辉煌。

7.2.1.1　引言

通信行业是一个从分散快速走向集中的行业，其准入壁垒高，迭代发展快，周期性明显。世界的跨国通信巨头已经形成垄断格局，竞争异常激烈。因此如果不能加速成长，紧跟时代技术脚步，开拓国际化市场，面对的结局只能是坐以待毙。华为自1987年创立以来，紧紧抓牢中国的工程师红利，向其向往的贝尔实验室靠拢，伴随中国电信历史，走过了"1G空白、2G跟随、3G参与、4G追赶、5G领先"的漫

漫长路，如今无论是收入规模，还是专利数量，华为都是世界电信设备供应商中当之无愧的第一。如今面对美国的贸易限制和技术封锁，华为加大了科技研发和技术升级的力度，仍维持着一家独大的格局，华为不愧为中国企业的骄傲。

7.2.1.2　背景概述

随着中国数字化程度进一步提高，通信行业具有较好的发展前景，我国政府部门先后出台了扶持通信行业优惠政策，2021年11月，工业和信息化部出台《"十四五"信息通信行业发展规划》，明确从2020年到2025年，信息通信行业收入由2.64万亿元提高到4.3万亿元；每万人拥有5G基站数由5个提高到26个；移动网络IPv6流量占比由17.2%提高到70%；5G用户普及率由15%提高到56%，行政村5G通达率由0提高到80%等。

随着近年来中国通信器材生产产品需求容量的不断扩大，吸引了较多的投资，使得行业投资的增速不断加快。数据显示，2021年该行业投资吸引投资额2 531亿元，相比2017年增长了71%。以华为为代表的通信设备制造商市场占有率不断上升，行业集中程度不断提高。

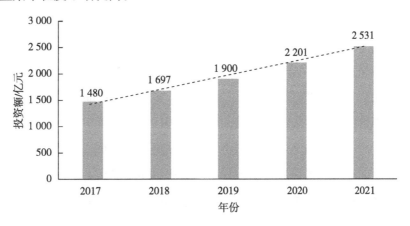

图 7-3　通信行业完成投资额

随着通信行业快速发展，我国通信设备制造行业企业的数量出现井喷式增长，分布范围主要是在珠江三角洲和长江三角洲等地，其中以广东省、江苏省和山东省通信设备制造行业企业数量占优势地位。截至2022年，我国通信设备制造行业相关企业数量超50万家，其中上述三省的企业数量的占比分别达到了17.5%、10.3%、9.3%。另外，居民收入水平提高，广大用户对通信服务的智能化、高端化、品牌化的要求也将日益提高。5G的建设步伐推进以及数据中心规模建设的不断拉动，中国通信网络装备产业潜力极大，实现行业收入增加和发展规模的进一步扩大。

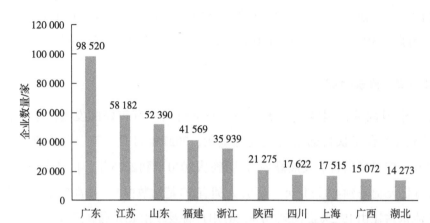

图 7-4　截至 2022 年我国主要省区市通信设备制造行业相关企业数量

华为成立于1987年，一家专注于移动智能终端机和生产通信科技的中国民营公司，已经成为全球成熟的信息通信设备供应商和移动智能终端生产商。自2010年以来，已经连续13年入围世界500强企业。移动智能终端机板块、全球运营商的通信板块以及面向企业的华为云服务是华为公司的三大主要业务板块。华为公司业务已经遍及世界多个国家和地区，截至2020年，遍布全球170多个国家和地区，总共为超过30万人群提供服务，全球中外籍员工占到70%，在信息通信方面，华为公司在全球的通信网络的建设数量已经超过1 000张，为全球超过三分之一的人口提供了通信网络的连接。为顾客提供标准化、专业化、多元化、产品化的服务，为客户创造最大的使用价值，是华为公司的服务理念。2018年，随着中美贸易摩擦开始，美国对华为进行制裁，华为从公开透明不回避、聚焦科技创新、剥离次要产品以及开发合作市场方面进行积极应对。华为为中国企业国际化树立了标杆，越来越多的优秀民营企业将会以华为为榜样，走出国门，走向世界，创造新的辉煌。

7.2.1.3　出击海外，步步为营

1. "农村包围城市"，华为选择渐进式的国际市场进入模式

20世纪90年代，面临国外企业通过"价格战"占领中国通信市场，企业在国内生存间被挤压的困境，华为开始采取国际化行动寻求出路，最早可追溯到1994年参加北京国际通信展。从1994年到1996年，华为的国际化行动主要是通过参加国际博览会提升企业知名度，以进出口贸易的方式提高销售额。然而，此时的华为并没有明确的国际化战略及目标。

直至1996年，华为正式开始进军海外计划。任正非对于华为的国际化战略选择做出精准判断："当我们计划国际化的时候，所有肥沃的土地都被西方的公司占领了。只有那些荒凉的、贫瘠的和未被开发的地方才是我们扩张的机会。"最初的华为，无论是核心技术还是品牌知名度都与国际巨头难以抗衡，而且发达国家通信设备商进入门槛高并被欧美行业巨头占领，只有先进入通信领域未被国际通信商重视的发展中国家和地区，在具有一定实力与国际巨头抗衡后进入发达国家，才有实现国际化的可能。

华为正式迈向国际化第一站选择了中国香港。1996年正值香港回归前夕，国家出台一系列利好政策支持香港和内地企业合作。再就是香港比内地更加靠近国际市场，对于产品质量和服务水平的要求趋近国际水平，有助于提升华为对国际标准的适应能力。为抓住这一机遇，华为与李嘉诚的和记电讯合作，提供以窄带交换机为核心的"商业网"产品。华为打开香港市场比较艰难，但是华为选择扬长避短，通过耐心的服务和产品讲解与客户的良好沟通赢得了香港公司的肯定。

华为的第二站是俄罗斯，这其实是其正式走出国门的第一站。当时俄罗斯经历苏联解体，经济萧条，很多大型通信企业退出市场。1997年华为进入俄罗斯市场直至1999年才接到一个金额为38美元的电源模块订单。这是因为俄罗斯人对于朗讯、西门子这种国际品牌的信任以及被中国部分企业出口劣质产品严重影响的"中国制造"的口碑。直至1998年亚洲金融危机，不同于其他退出俄罗斯市场的大型供应商，华为选择坚守阵地，建立贝托-华为合资公司，派出100多人的营销队伍并且不断加大在俄罗斯的投入，终于获取了客户的信任。数据显示，2020年第三季度，华为占据俄罗斯市场份额首位，达到了41.4%，华为已经成为俄罗斯的主要通信商。

在俄罗斯市场发力的同时，华为进入拉美、非洲、中东和东南亚等地区市场，通过成立合资公司、设立研究中心和代表处在这些国家和地区积聚力量。华为选择"先国家、再公司"的"新丝绸之路"策略，紧跟国家外交政策，依据中国外交路线制定海外采购路线。这些行动有利于我国与这些国家和地区合作关系的巩固和发展，促进良好外交关系构建，得到了国家的有力支持。

在发展中国家积聚了足够的经验和实力之后，华为开始开拓发达国家市场。从2001年，华为先后进入西欧、北美等地区的发达国家，建立当地研发中心，积极与当地企业合作，采用多种经营形式，为其全球化布局开辟了道路。

2.加大研发力度，实现"标准追随者"到"标准主导者"的身份转换

在高新技术行业，拥有核心技术是企业真正的竞争优势。意识到这一点的华为在海外拓展市场的过程中，不断提升自身技术水平和研发能力。

在华为国际化进程的初期其重心是海外市场的拓展，此时华为在2G标准制定中没有话语权，属于"标准追随者"。华为通过技术引进方式学习海外知识，具体的行动为：买入技术成品并进行模仿和二次研发，设立海外研发中心实现自主研发以及在国内与IBM、摩托罗拉等公司合作建立实验室进行联合研发。华为官网显示，2021年华为研发费用为1 427亿美元，约占全年收入20%。

华为在研发模块的投入提高了自身的技术实力和专利产出，特别是2003年与思科公司的诉讼案更加让华为意识到专利申请和产权保护的重要性。截至2011年，华为申请PCT专利10 650项、海外专利10 978项，获得授权专利23 522项，包含了路由器、GSM、CDMA和WCDMA等有关标准的所有基本专利授权，经过多方面努力，华为成为技术标准的主要参与者。

随着华为核心技术水平的不断提高，华为通过参加各种国际、国家和行业标准会议，提交标准提案以及担任相关职务来巩固和提高自身标准话语权。目前，华为在5G、Wi-Fi 6、H.266等多个主流标准领域处于行业领先定位，成了行业的"标准主导者"。未来，华为把加强基础研究作为主要任务，广泛探索通信、计算、人工智能等基础理论问题，继续走在行业技术前沿。

3.整合全球资源，实现全球化布局

中国民营企业要想走出国门，要充分利用国内国外"两个资源，两个市场"，特别是在资本、人才、物资和知识全球流动、全球数字化高度发展的今天，作为一家高新技术企业，充分利用和整合全球资源，打造全球价值链，才能有效提高其技术、管理、产品、品牌等要素生产率，获得长期稳定的发展。经过二十多年的努力，在全球范围内，华为建立了多个运营中心和资源中心，实现了企业管理、人才以及品牌的国际化。

在企业管理方面，华为充分利用全球资源提升企业管理效率，构建现代化管理信息系统，不断创新管理模式，建立了以客户需求为导向的商业模式、以流程为导向的内部运作模式。首先，华为利用贝尔实验室的管理经验和先进的技术系统，在全球范围内改进自己的管理系统。其次，与IBM公司合作研发财务管理系统。同时，华为鼓励员工主动与IBM的专家分享和学习，借鉴IBM的IPD（集成产品开发）

经验和内部逻辑将财务管理、人力资源管理、研发管理和文秘管理融为一体，构建一套适应自身发展情况的管理系统。最后，该公司与 Hay 集团在人力资源管理系统方面进行合作，以提高各模块的管理效率。对于员工的管理，华为成功地将短期激励与长期激励有效结合，通过面向绩效、面向客户的评价体系促进员工能力、绩效和职称的增长，采用员工持股和股权激励奖励长期工作表现突出的员工，从而实现高效、稳定的人力资源管理。

另外，华为注重对于国际化人才的培养。在 2005 年建立华为大学提供学习资源助力员工提升个人能力、开阔全球化视野。除此以外，华为在进入国际市场时选择引入海外本地人才，原因是相比外派人员，本地员工劳动成本更低且更加熟悉当地市场，有利于实现服务本地化战略。招聘当地人才也可以帮助当地缓解就业压力，容易获得当地政府的帮助。例如，当华为进入泰国市场建立分公司时，有 75% 的泰国人，在启动过程中得到了政府的有力支持，与泰国的主要移动和固定运营商、行业合作伙伴构建长期合作关系。华为与各国的研究机构和企业深度合作，推动科技创新和发展。同时利用全球化人才，有效提高其技术、管理、产品、品牌等要素生产率。

实现核心技术自主创新是华为成功走向国际化的根本，打造国际化品牌是企业在国际市场占据垄断地位的首要因素。华为的品牌国际化采取一条"先易后难"之路，早期通过低成本、产品差异化营销方案以及"保姆式"全程服务提升企业口碑形象，并且积极响应"新丝绸之路"政策，打造"东方快车"品牌。同时，通过合资和并购方式更好融入当地文化，通过设立联合研究机构和自主科研中心提升企业核心竞争力。在华为国际化发展过程中，始终聚焦提升科研实力，提供优质的产品服务，经过数十年的努力，打造出华为自己的国际化品牌。

7.2.1.4　海外艰险，如履薄冰

1. 美国的极限打压

从 2018 年起，美国开始全面遏制中国科技产业，对华为发布芯片禁令；将华为、科大讯飞等 92 家企业，哈尔滨工业大学、哈尔滨工程大学等 13 所高校列入"实体清单"；禁用 EDA、Matlab、CAD 等工业软件；限制部分中国留学生进入美国国境，美国对中国实行全面的科技封锁。美国对中国实行的技术封锁抑制了中国企业的发展，但并未停滞全球化发展大趋势。在国外技术封锁和建设创新型国家的政策背景下，如何提升中国企业自主创新能力、产出研发技术是许多企业亟待解决的难题。

华为作为全球5G前沿供应商之一，必然受到美国一系列的封锁制裁。2020年9月15日，美国第三轮禁令正式生效，全球主要芯片生产企业（台积电、三星、高通、英特尔等）陆续宣布对华为断供。这个事件，在国际社会引起强烈关注。美国的科技管制，使华为的生产、运营及销售等多方面都受到影响。十几年前，美国就对华为进行打压。美国政府多次阻拦华为在美国的并购和购买。当时，华为正处于技术追赶期，以获取新技术为研发国际化主要目标，因此可以理解为美国对于本国技术领先优势的垄断。

表7-5 2020年以来美国对华为直接或间接打压

时间	事件
2020年1月	美国宣布不再与使用华为5G技术的国家共享情报
2020年2月	美国司法部指控华为敲诈勒索和盗窃商业秘密
2021年5月	美国商务部工业与安全局宣布：第一，实体名单上的华为技术有限公司及其非美国分支机构的现有临时通用许可证授权期限延长90天。第二，美国将修改出口管理规定，严格限制华为使用美国的技术、软件设计和制造半导体芯片
2021年7月	英国宣布禁用华为设备建设5G
2021年8月	美国商务部工业和安全局修订对华为禁令，进一步限制华为使用美国技术和软件生产的产品，并在实体列表中增加38个华为子公司

美国的打压对华为运营业务、消费者业务以及国际化道路都产生不利影响，具体包括以下几个方面：

（1）破坏华为消费者业务

美国的打压和遏制，使华为付出了惨痛的代价。美国通过影响华为依赖的晶圆代工厂商（如台积电等）以及日韩欧洲芯片供应商（如高通等），来影响华为的芯片供应。芯片的短缺最直接的影响就是华为智能手机的供给，这对于华为来说是致命的，因为其芯片产业链短板集中在设计和制造上。

从芯片设计角度来看，美国对华为的打压影响很小。EDA工具的应用是芯片设计中的一个重要环节，而全球EDA工具领先的公司都集中在美国，并且它们的经营范围覆盖芯片所有设计环节和各个细分半导体器件领域，拥有行业最先进的生产工艺和绝对话语权。但华为受芯片设计环节影响不大的原因主要有两方面：第一，2019年5月华为受此限制，已经购买了必需的EDA工具永久版权，能保证产品所需芯片的设计；第二，华为拥有自己开发的EDA工具，只有工艺迭代这块受影响较大。

从芯片制造角度分析，美国制裁导致华为芯片代工厂商无法提供以往的服务，芯片供应被中断。作为晶圆代工厂商的台积电主要负责开发完整的芯片制造工艺，其生产上游是半导体设备和材料。而目前全球半导体设备市场约40%的份额是美国厂商，另外主要是日本和欧洲。关于半导体材料，美国、日本非常领先。因此，美国对华为实施禁令从根本上遏制华为的半导体设备及材料的供应。

（2）威胁华为运营商业务

消费者业务和运营商业务是华为目前两个主要盈利业务。美国除了从芯片角度遏制华为消费者业务外，还对华为的信息通信设备市场进行打压。

从2018年8月23日开始，澳大利亚、新西兰、加拿大表示终止与华为合作。同年12月，英国最大电信运营商将华为移出核心5G网络竞标者名单。至此，在美国的煽动下，情报分享机构"五眼联盟"都禁止华为参与本国5G网络建设。除了美国的联盟国家外，美国还告诫匈牙利、斯洛伐克和波兰等中欧多国不在本国安装华为的设备，且积极鼓动菲律宾、智利等发展中国家解除与华为的合作。

美国对于华为信息通信设备业务的打压，使得英国、加拿大等国的运营商暂停与华为的5G建设合作，既影响华为的业务发展，又影响了全球5G信息技术的推广。运营商业务，一直以来都是华为业务的重要增长来源，而由于美国打压，2020年华为运营商业务和上年相比仅增长0.3个百分点，远低于以往的增长速度。

（3）阻碍华为研发国际化战略

整合利用全球资源并建立全球产品链，是华为研发国际化战略现阶段的目标。美国全面限制，对华为的生产经营造成了沉痛的打击，使其出现多产品断货和运营商业务终止合作的情况，消费者业务和运营商业务增长较慢，营业利润率自2019年开始下滑。

2.华为积极应对

面对美国的打压，华为并没有倒下，而是积极应对，主要有以下几个方面：

（1）公开透明不回避

在美国对华为断供芯片期间，华为最担忧是其备用技术和重要消息来源。任正非采取完全公开透明、不躲藏的态度。通过一封告示书，华为邀请美国的舆论各界来公司考察参观。舆论记者可以采访华为管理人员，可以参观华为研究开发实验室。以前很少在媒体前出现的任正非突然在媒体上活跃起来，接受来自全球各地媒体的采访，不回避任何敏感问题。任正非以真诚、理性和坦率的态度，赢得了客户和世界各地公众的重新认可。甚至，华为以公平和非歧视的方式，向美国公司授予

5G专利。

（2）聚焦自主创新

由于美国对中国的半导体进出口步步紧逼，华为开始将订单从台积电分散，其中麒麟710A开始转向中芯国际的14nm。华为生产的这款手机芯片，实现了全部国产化，这是"从0到1"的突破。另外，华为正在将自家芯片的设计、生产工作，从台积电向中芯国际转移。2019年底，华为旗下的芯片部门海思半导体联合中芯国际设计和生产芯片，逐渐向中芯国际倾斜，不再依赖台积电生产芯片。回到华为自身的行动，针对美国的制裁集中在芯片、操作系统方面，华为启动了芯片"备胎"计划，涉及手机芯片、服务器芯片、AI芯片、电视芯片、5G芯片、基站芯片等。除了芯片研发之外，华为还提前发布了鸿蒙系统，一个可以用于电脑、手机、物联网、自动驾驶等领域的系统。虽然目前鸿蒙系统的生态还不够完善，不能和Windows、安卓媲美，但可作为后备系统。华为开始萌发自研电脑 CPU、GPU 芯片的计划。在整个芯片领域，华为趋向于建立起一条"无美企"供应链出来。

（3）剥离次要产品

2020年11月，华为将荣耀手机出售给某深圳信息技术有限公司，交易价格为一千亿元。华为之所以出售荣耀，主要因为这是一场自救行为，不占股不经营，只为荣耀延续。从今往后，华为在荣耀手机中不再有一分一毫的股权，也不会插手荣耀的战略、运营、销售。这家新公司的股票权利将由荣耀手机管理人员持有。荣耀的收购是由荣耀手机的上下游行业链根据目前华为的危机形势做出的抱团求生。自从美国禁令生效之后，华为公司核心生产工艺被中断且短期之内无法补漏。为了消除美国禁令的影响，华为决定整体出售荣耀业务资产。而对于华为来说，荣耀业务并非华为主流业务，荣耀系列手机也并非华为手机的主打旗舰机型，所以剥离非主流业务，是断尾续命的有效方法。

（4）开发合作市场

在华为业务脖子上的"绳索"开始放松之后，有好几个芯片厂商继续供货华为，包括索尼、豪威科技、AMD以及英特尔等。同时，高通、联发科、美光等芯片制造厂商正在积极地申请许可。之所以出现这个趋势，主要是因为：如果美国市场使劲倒逼华为，使得华为成功研发出芯片制造技术，将会使美国失去在芯片制造方面的核心竞争力；中国市场需求巨大，如果彻底断供华为，会对整个产业链，尤其是美国企业，造成巨大冲击。内循环，就是整条产业链，从上游原材料发掘，到设计、生产，再到最后的消费端，全部在国内完成。我国也改变了经济思路，经济导向已经从过去的以世界经济交流为主开始转变为以国内大循环为主。

7.2.1.5 家国情怀，民族希望

伴随中国电信发展历史，华为自1987年创立以来，走过了"1G空白、2G跟随、3G参与、4G追赶、5G领先"的漫漫长路，如今华为是世界第一大电信设备供应商。

1.三分天下有其一

回望华为三十多年全球化发展历程，从迈出国门第一步，到踏上国际化之路，最终成为一个真正的全球化企业。其中，既有任正非个人"三分天下"的产业雄心、打造"世界级企业"以探索中国式组织管理模式的成就个人事业的志向，也有其自始至终不曾消减的创业精神。这种创业精神表现为，在技术研发上，坚持自强自立，长期保持高强度研发投入，掌握核心技术和通行国际标准，广泛开展国际化技术合作。在企业发展中，居安思危，审时度势，及时调整，在"冬天"里大举出海，获得了新的市场生命力；持续多年、行之有效地向西方学习，有节奏地开展管理变革，让国际化管理及时跟上技术的国际化合作和市场的全球拓展。而面对美国对华为5G技术在通信领域应用的全球围剿、海外市场收缩，76岁的任正非身着防护服，亲自下煤井，主导设计了"军团"组织新模式，他要为华为5G技术寻找新的行业应用场景，为公司的发展打开新的市场空间。

从20世纪90年代初由代理销售转向产品自主研发，到90年代中期以国际化为目标开启"二次创业"、从国内市场转战海外，再到华为在2021年创立"军团"的组织形式攻坚作战，可以说是其历史上的"第三次创业"。每一次创业，都是一场图存求生之战。但是，相较于个人雄心、成就导向、个性品质这些合益的素质模型理论所定义的动机类要素，其背后还有着一个人更深层次的情感性的原动力，那就是任正非深厚的家国情怀，这是其雄心壮志、创业精神生发的渊源和根基。而作为创始人、奠基者，任正非的家国情怀也为华为赋予了情感特质，为华为的企业文化涂上了精神底色。

家国情怀是中国人精神谱系中一种特殊的力量，维系了中华文明数千年延续不绝。无论是"华为"的命名，还是C&C08万门机名字中寓含的China，华为都清楚地表达了自己身在中国、身为中国企业的归属感。1994年第一次参加北京国际通信展览会，在西方竞争对手云集的国际展馆里，华为升起唯一一面五星红旗，以先进的产品让世界同行惊叹：中国人赶上来了！华为毫不掩饰自己作为中国企业的自豪感。任正非本人对这种自豪感的表达则是含蓄的。1998年5月，他对研发干部员工

做"希望寄托在你们身上"的讲话,当谈到"科学的入口就是地狱的入口"时,他自问自答:"什么叫作一个中国人?当你在海外,当你在飞机上,当你在世界的某一个角落,你拿着报纸看到中国的伟大成就你落泪时,你就是中国人。"

2.呼吁教育救国,承担社会责任

任正非的家国情怀,从另一个方向有更强烈而直白的表达,即其对国家和民族发展强烈的忧患意识,这最能在他的外访行程中被触发。每到一处,看到外国的发达与强盛、人民生活的优越和富足,任正非就会触景生情,想到中国面临的种种发展困难,尤其是基础教育、环境保护这样的百年大计、根本问题。

对"发达国家用一些硅片,换走了我们大量的花生米"的"不平等交换"现象,任正非认为:"不发达国家付出了大量的初级产品,只能换取发达国家的少量高技术产品,前者是随处可买到的,价值是有规律的,后者是独特的,价格是随意的,用以偿还开发生产中的风险投资及优秀人才的酬金,这并不是掠夺。"

由此,任正非第一次发出教育兴国的声音:"我国教育条件还十分困难,人口一天天增长,受教育的机会与水平均低于发达国家,在高度发达的信息社会里,低文化素质就像一条链,拖住了整个经济的发展。""我们触景生情,有此感慨,同样大声呼出教育救国。"

1997年底任正非赴美学习西方企业管理,再次发出科教兴国的呼吁,认为只要提高自主研发能力,中国21世纪有望成为经济大国。所以科教兴国是中国走向富强的必然之路,只有坚持党的十二大提出的"提高全民族文化素质",中国才会有希望。

此次考察中,任正非看到,科学技术对国家经济发展的推动作用已大为显现,中国要大力投入技术研发,过剩劳动力会因此获得更好的收益。他认为,中国的九亿农民文化水平偏低,缺少教育,如果能够向他们提供充足、理想的网络服务,使他们得到各种培训与商业交流,提高文化素质,劳动力将获得解放,"那时中国大量过剩的优质劳动力在相当长的时期内,仍然比较便宜,中国在加工业上会永远有较强的国际竞争力"。

二十年后的中国,无处不在的互联网服务应用便民利民,足以供应全世界的制造业,让中国在全球经济中立足稳固,不能不说,任正非在这种忧患意识下对未来发展的预想,是何等高远。

2001年春,在"华为的冬天"的艰难时节,任正非前往日本,写下了《北国之春》。当他看到,日本在过去十年间经受了战后最严寒和最漫长的冬天仍然保持了一样的宁静、祥和、清洁、富裕与舒适，他心系华为，"就不知道华为人是否还会平静，沉着应对，克服困难，期盼春天"，但也想到中国的种种问题、当下面临的困难，又一次提到环保和教育："中国经济正在兴起，不说西部，就说东部基础设施也十分不完善；东部的环保还不知要投入多少，才会重回青山绿水；不说西部还有尚未脱贫的人，就是东部下岗工人，都有待生活改善；十二亿人民居者有其屋，以及良好的公共交通体系，不知要投入多少才能解决。全国十二亿人受教育，提高全民族文化素质的工程就十分巨大。减轻农民负担，由国家来建设多媒体的农村中小学，就需要数千亿元……"

任正非呼吁教育兴国，华为以实际行动支持教育。1998 年前，华为已在全国多所高等院校设立奖教金、奖学金和贷学金，在陕西安塞、甘肃永靖等贫困山区捐建了三所希望小学。1998 年，华为设立"寒门学子基金"，向国家教委提供总额为两千五百万元的奖（贷）学金基金，每年五百万元，分五年发放，这是当时中国最大规模的奖（贷）学金基金。此后多年，华为一直通过其员工组织"爱心协会"，捐钱捐书捐电脑，默默地支持和资助各地的希望小学。

3.民族价值观就是企业价值观

作为一家企业，华为的家国情怀更体现在，其将企业文化植根于本民族的文化价值观。在起草《华为基本法》过程中，华为清楚地认识到，"一个企业不可能凭空构想它的核心价值观体系……华为公司的核心价值观赖以建立的基础是我们的民族精神，是我们社会价值观体系中最富有生命力的部分"。

其实，在行动上，华为自初生之日，就抱持着为国家强盛、振兴民族工业贡献一己之力的愿望，主动将自己的发展和命运与国家的建设需求紧密相连。

1994 年 3 月，在一个各省客户参加的 C&C08 万门机技术研讨会上，广东省邮电管理局一位处长总结发言说："如果我们国家真有这么好的交换机，作为用户来讲是非常高兴的，因为我们国家现在是七国八制，在引进谈判中也感到用人家的机器总不是个办法，你要提个要求，打个补丁都很困难。"这位处长又引用一位西方设备企业总裁对自己说过的话，"一个国家没有自己的程控交换机，就等于没有自己的军队"，他希望华为的 C&C08 万门机能做到世界第一流，"这个目标也增强了我们的志气"。客户的这一段表述，深刻地影响了华为对自己的价值认知，"华为尽管还处于成长阶段，也应具有符合民族根本利益的强烈的社会责任感和历史使命感"。

1994 年底，华为召开务虚会议，反思公司发展历程，认为六年来艰苦创业取得初步成就，是乘着国家改革开放的东风，抓住了中国通信业持续高速发展的市场机遇，才具备了一定的科研、生产和市场营销能力，产品获得社会的广泛接受与承认。华为由此自问："面对激烈竞争的市场环境，面对国外垄断集团的强大压力，我们华为人能做些什么？如何利用优势，为伟大祖国、为中华民族的振兴，为自己和家人的将来做些什么，而再创华为的辉煌？"这一自问，一直贯穿华为对业务的战略选择，是华为持续成功的关键因素，既是任正非"方向大致正确"之"方向"的价值判断，也是华为成功后不至于走飘的思想根基。

2021年，华为选择煤矿、港口、海关、公路、智能光伏、数据中心能源等六大行业领域，以"军团"组织形式，集结技术研发、行业解决方案、交付服务和行业生态建设于一体，致力于5G通信技术在非通信行业的应用，将传统行业的蓝领工人变身为白领工作者，以信息化技术提升物流、能源等基础经济部门的生产效率，这可以说是华为面对美国打压逼出来的"求生欲"，但是面对生存困境，华为没有选择去科创板上市圈钱，而是再次背起行囊，开进偏僻山林，下到地底深处，来到支撑中国经济发展最基础的地方，其心仍然如一：作为一家企业，商业利益的算盘是要打，但要与国家的发展和民族产业的需要相结合。

在世界经济、生产全球化到来之际，先期踏出国门一步的华为，以其家国情怀，也已在努力思考中国在世界所应有的位置，探索中国民族工业的立足之地。

1997年，在《华为基本法》的研讨中，华为曾自问："在改革开放的条件下，中国的民族工业到底怎样发展？""我们喝的是美国的可口可乐，出去吃的快餐是麦当劳，我们看的是日本电视，这样下去，中国的利益在什么地方？全球化难道就是这种全球化吗？难道就是这种国际化吗？""问题是在改革开放的条件下，中国的民族工业怎么发展？"华为公司在探索这条道路。

2000年底，在欢送海外将士出征大会上，任正非发表《雄赳赳气昂昂跨过太平洋》的讲话，表明华为的出海远征是这一思考的结果：

"随着中国即将加入WTO，中国经济融入全球化的进程将加快，我们不仅允许外国投资者进入中国，而且中国企业也要走向世界，肩负起民族振兴的希望。"

"在这样的时代，一个企业需要有全球性的战略眼光才能发愤图强；一个民族需要汲取全球性的精髓才能繁荣昌盛；一个公司需要建立全球性的商业生态系统才能生生不息；一个员工需要具备四海为家的胸怀和本领才能收获出类拔萃的职业生涯。"

"所以，我们要选择在这样一个世纪交换的历史时刻，主动地迈出我们融合到世界主流的一步。这，无疑是义无反顾的一步……难道它不正是对于我们的企业、我们的民族、我们的国家，乃至我们个人，都将被证明是十分正确和富有意义的一步吗？"

7.2.1.6　尾声

回顾华为二十多年的国际化历程，从一家很小的通信产品代理商发展成为今天国内乃至世界首屈一指的电信设备供应商，华为总能捕捉到其中的每一次发展大势和机遇，并且保持着百折不挠的精神和勇争潮头的态度。华为国际化的成功一方面离不开对科技研发创新的持之以恒，另一方面离不开积极进行国外市场的不断开拓。如今，华为已成为全球通信行业的领军者，在5G领域引领全世界。华为为中国企业国际化树立了标杆，越来越多的优秀民营企业将会以华为为榜样，走出国门，走向世界，创造新的辉煌。

7.2.1.7　启发思考题

（1）面对美国打压，华为如何应对？

（2）华为国际化过程中，采取哪种方式进入国际市场？

（3）华为采用哪些国际市场营销策略？

7.2.2　家国情怀，步步为赢——华为国际化之路案例使用说明

7.2.2.1　教学目的与用途

本案例适用于国际经济与贸易专业开设国际市场营销学，主要涉及知识点包括：国际市场营销观念演进，政治、经济、法律以及文化环境，企业社会责任，营销战略，产品创新、品牌以及危机公关。通过本案例的学习可以达到如下育人目标：第一，立足中国国情，开放思维，运用全球化视角，分析当前全球化大趋势下的国际市场营销问题。第二，引发学生对我国在复杂多变的国际经济形势下讲好中国故事、探索中国模式、寻求中国方案、展现大国自信和大国风范的思考。第三，让学生深刻认识到自身承担的使命和责任，树立自强不息、艰苦奋斗、锲而不舍、学业报国的精神。

7.2.2.2　思政元素融入方法

本案例融入的思政元素主要包括家国情怀、民族情怀、勇于探索、敢于创新、

理想信念等，做到了思政元素和案例有效结合。

国际市场营销案例思政元素的融入方式应以隐性渗透式为宜，使学生在掌握专业知识的过程中，潜移默化地接受德育教育，达到润物无声的育人效果。本案例思政元素融入案例方式及目标如表7-6所示。

表7-6　思政元素融入案例方式及目标

章号	专业知识点	思政元素	思政目标	融入方式
导论	华为企业"走出去"的理念和历程	人类命运共同体；社会主义核心价值观	引导学生树立正确的国际营销观念，树立社会主义核心价值观；引导学生讲好中国故事，培养学生爱国主义精神；树立正确的职业道德	课堂讨论、主题发言、实践教学
国际市场营销环境	中国和目标国政治、经济、法律以及文化环境	社会主义核心价值观、爱国富强、制度自信、文化自信、民族情怀、家国情怀、绿色生态	了解国际营销环境的发展变化及复杂性，培养思辨能力；对比国际环境下中国发展，增强爱国主义情怀与责任担当；培养学生正确的世界观、人生观、价值观	视频播放、主题发言、查阅资料、小组讨论
国际市场营销战略	华为国际营销战略	战略眼光、中国梦、社会责任、专业化精神	培养学生国际化视野；培养学生领会和发扬中国文化的博大精神；培养学生精益求精的专业化精神	翻转课堂、视频播放、主题讨论
国际市场营销产品策略	华为产品创新、品牌	中国元素、文化自信、创新意识、企业责任担当、工匠精神，精益求精	产品融入中国元素，增强文化自信；引导学生在产品领域中的创新创业理念；增强学生中国品牌化意识；引导学生认识中国企业承担社会责任，增强责任意识	视频播放、情景模拟、主题讨论
国际市场营销促销策略	华为对美国技术封锁危机公关	法治意识、诚实守信、合作共赢、职业道德	培养学生创新思想、创意理念和创新能力；培养学生遵守法律法规，具备良好的职业操守；引导学生具有良好的职业道德，诚实守信	实践教学、课堂讨论、翻转课堂

7.2.2.3　理论依据及分析

1. PEST分析法

PEST分析法是指宏观环境的分析方法。不同行业和企业根据自身特点和经营需要，对宏观环境因素分析的具体内容会有差异，但一般都对政治（Political）、经济（Economic）、社会（Social）和技术（Technological）四大类影响企业的主要外部环境因素进行分析。（1）政治环境（P）包括一个国家的社会制度，执政党的性质，政府的方针、政策、法令等；（2）经济环境（E）包括企业所在国家或城市的经济发展状况，经济环境和特定因素：经济增长、货币政策、利率、投资、就业等；

（3）社会环境（S）包括一个国家或地区的社会价值、文化因素及影响需求的生活方式及人口因素等；（4）技术环境（T）主要是对一个国家或地区的技术发展状况及变化趋势进行分析，包括技术变革的速度及技术发展对整个社会的影响。

问题1：面对美国打压，华为如何应对？

从2018年起，美国开始全面遏制中国科技产业，对华为发布芯片禁令；将华为、科大讯飞等92家企业，哈尔滨工业大学、哈尔滨工程大学等13所高校列入"实体清单"；禁用EDA、Matlab、CAD等工业软件；限制部分中国留学生进入美国国境，美国对中国实行全面的科技封锁。从2020年起，美国对华为进行直接或间接打压五次，破坏华为消费者业务，威胁华为运营商业务，阻碍华为研发国际化战略，面对美国打压，华为采取一系列应对策略，主要包括：

（1）公开透明不回避。通过一封告示书，华为邀请美国的舆论各界来公司考察参观。舆论记者可以采访华为管理人员，可以参观华为研究开发实验室。

（2）聚焦自主在创新。华为正在将自家芯片的设计、生产工作，从台积电向中芯国际转移，不再依赖台积电生产芯片。回到华为自身的行动，针对美国的制裁集中在芯片、操作系统方面，华为启动了芯片"备胎"计划，涉及手机芯片、服务器芯片、AI芯片、电视芯片、5G芯片、基站芯片等。除了芯片研发之外，华为还提前发布了鸿蒙系统。华为开始萌发自研电脑CPU、GPU芯片的计划。在整个芯片领域，华为趋向于建立起一条"无美企"供应链出来。

（3）剥离次要产品。2020年11月，华为将荣耀手机出售给某深圳信息技术有限公司，交易价格为一千亿元。

（4）整合资源，实现国内全产业链条。整条产业链，从上游原材料发掘，到设计、生产，再到最后的消费端，全部在国内完成。

2.企业进入国际市场方式

进入国际市场方式是指国际营销企业进入并参与国外市场进行产品销售可供选择的方式。归纳起来，具体包括三大类：一是出口，国内生产，国外销售。这是一种最传统的进入国际市场的方式，且风险较低。二是合同进入，也称为非股权进入，富有较大的灵活性和实用性。三是对外直接投资，也称股权进入，企业直接在目标市场国投资，就地生产，就近销售。各种进入方式有利有弊，风险不尽相同，对资本投入和管理能力等也不相同。因此，企业在进行国际市场开拓过程中，选择何种进入方式，必须结合企业的全球发展战略以及企业拥有的资源条件，针对不同的目标市场国环境综合考虑，科学决策。

问题2：华为国际化过程中，采取哪种方式进入国际市场？

从1994年到1996年，华为的国际化行动主要是通过参加国际博览会提升企业知名度，以进出口贸易的方式提高销售额。然而，此时的华为并没有明确的国际化战略及目标。直至1996年，华为正式开始进军海外计划。"农村包围城市"，华为选择渐进式的国际市场进入模式。发达国家通信设备商进入门槛高并且被欧美行业巨头占领，只有先进入通信领域未被国际通信商重视的发展中国家和地区，在具有一定实力与国际巨头抗衡后进入发达国家，才有实现国际化的可能。华为正式迈向国际化第一步选择了中国香港。1996年正值香港回归前夕，国家出台一系列利好政策支持香港和内地企业合作。再就是香港比内地更加靠近国际市场，对于产品质量和服务水平的要求趋近国际水平，有助于提升华为对国际标准的适应能力。华为的第二站是俄罗斯，这其实是其正式走出国门的第一站。当时俄罗斯经历苏联解体，经济萧条，很多大型通信企业退出市场。1998年亚洲金融危机，不同于其他退出俄罗斯市场的大型供应商，华为选择坚守阵地，建立贝托－华为合资公司，派出100多人的营销队伍并且不断加大在俄罗斯的投入，终于获取了客户的信任。在俄罗斯市场发力的同时，华为进入拉美、非洲、中东和东南亚等地区市场，通过成立合资公司、设立研究中心和代表处在这些国家和地区积聚力量。华为选择"先国家、再公司"的"新丝绸之路"策略，紧跟国家外交政策，依据中国外交路线制定海外采购路线。2001年起，华为先后进入西欧、北美等地区的发达国家，建立研发中心，积极与当地企业合作，采用多种经营形式，在多国市场上取得巨大成就。

3. 4P营销理论

从管理决策的角度来研究市场营销问题就需要考虑4P营销理论。从管理决策的视角看，影响企业市场营销活动的各种因素分为两大类：一是不可控因素，即营销者本身不可控制的市场；二是可控因素，即营销者自己可以控制的产品、商标、品牌、价格、广告、渠道等，而4P就是对各种可控因素的归纳。

产品策略，为了实现其营销目标，企业需要向目标市场提供各种适合消费者需求的有形和无形产品，包括对与产品有关的品种、规格、式样、质量、包装、特色、商标、品牌以及各种服务措施等可控因素的组合和运用。

定价策略，为了实现其营销目标，企业按照市场规律制定价格和变动价格，其中包括与定价有关的基本价格、折扣价格、津贴、付款期限、商业信用以及各种定价方法和定价技巧等可控因素的组合和运用。

分销策略，为了实现其营销目标，企业以合理地选择分销渠道和组织商品实体流通的方式，其中包括对与分销有关的渠道覆盖面、商品流转环节、中间商、网点设置以及储存运输等可控因素的组合和运用。

促销策略，为了实现其营销目标，企业利用各种信息传播手段刺激消费者购买欲望，促进产品销售，其中包括对与促销有关的广告、人员推销、营业推广、公共关系等可控因素的组合和运用。

问题 3：华为采用哪些国际市场营销策略？

4P 营销理论是企业从事国际市场营销的核心，华为在进行国际市场营销过程中采取的策略主要包括：(1) 加大研发力度，实现"标准追随者"到"标准主导者"的身份转换。"一流企业做标准，二流企业做品牌，三流企业做产品"，随着华为核心技术水平的不断提高，华为通过参加各种国际、国家和行业标准会议，提交标准提案以及担任相关职务来巩固和提高自身标准话语权。(2) 自主创新，剥离次要产品，积极国内研发。面对美国打压，华为芯片断供，华为进行芯片自主研发；出售荣耀手机，剥离次要产品；整合资源，实现国内全产业链条。(3) 利用公共关系，处理危机。首先，在美国对华为断供芯片期间，华为最担忧的是其备用技术和重要消息来源。任正非采取完全公开透明，不躲藏的态度。通过一封告示书，华为邀请美国的舆论各界来公司考察参观。舆论记者可以采访华为管理人员，可以参观华为研究开发实验室。以前很少在媒体前出现的任正非突然在媒体上活跃起来，接受来自全球各地媒体的采访，不回避任何敏感问题。任正非以真诚、理性和坦率的态度，赢得了客户和世界各地公众的重新认可。甚至，华为以公平和非歧视的方式，向美国公司授予 5G 专利。其次，呼吁教育救国，承担社会责任。1998 年前，华为已在全国多所高等院校设立奖教金、奖学金和贷学金，在陕西安塞、甘肃永靖等贫困山区捐建了三所希望小学。1998 年，华为设立"寒门学子基金"，向国家教委提供总额为两千五百万元的奖（贷）学金基金，每年五百万元，分五年发放，这是当时中国最大规模的奖（贷）学金基金。此后多年，华为一直通过其员工组织"爱心协会"，捐钱捐书捐电脑，默默地支持和资助各地的希望小学。

7.2.2.4　建议课堂计划

1. 课前计划

由于本案例的字数较多，教师可以提前 1～2 周发放家国情怀，步步为赢——华为国际化道路案例材料，让同学们有足够的时间熟悉案例内容，并对启发思考题形成初步思考。对学生具体要求建议如下：(1) 要求学生通过观看宣传视频、线上搜索资料、实体店考察等方式，对于华为国际化市场选择、国际营销环境评价以及营销策略与宣传推广等方面有所了解，从而更好地理解华为国际化进程。（2）根据班级人数视情况进行分组，每组4~6名同学。各小组在课前集中预习案例并进行案例的初步讨论。

2.课中计划

本案例课堂教学时间约90分钟，具体环节如表7-7所示。

表7-7　建议课堂计划

课程阶段	教学内容	时间
课堂前言	教师简单介绍案例所涉及的主题及背景	5分钟
案例情节回顾	教师简述本节课主题为华为国际化道路，并可采用向学生提问以及小组讨论的方式对案例内容进行简要回顾，帮助学生厘清案例思路	10分钟
小组讨论	教师以思考题为主线，按照分好的小组针对案例问题每个小组内部进行自由讨论，在小组内部达成一致意见后，教师引导全班进行交流，从而对案例有更深入的见解	25分钟
课上发言	请各小组选出一位代表上台发言，陈述本小组的观点，并说明理由，展示过程中可由其他小组进行互动式提问，教师针对每组的回答结果进行指导与改进	35分钟
案例总结	教师对课堂内容进行总结，厘清学生观点，对知识点进行梳理。之后，教师随机邀请学生分享案例学习启发	10分钟
教师答疑	教师对案例分析和理论讲解的不明之处进行答疑	5分钟

3.课堂组织建议

（1）在小组讨论阶段，教师可以积极参与学生交流，引导学生的分析思路。

（2）在总结和答疑阶段，教师应该综合考虑每一个小组的答案，鼓励学生的差异与创新思维。

4.课后计划

在课程结束的一周之内，每个小组根据本组的讨论结果及教师的补充，将本节课所学知识写成书面分析报告，分析的过程中要注意全面性和可行性。授课教师本人要做好课后笔记，针对本次课程中效果较好的方面继续延用；效果不佳的方面争取下次改进。

7.3　不断突破：安克创新跨境电商品牌国际化之路

7.3.1　案例正文

7.3.1.1　引言

中国跨境电商发展迅猛，海关统计调查显示，2021年我国跨境电商进出口规模约为 19 237亿元，比 2020年（下同）增长18.6%，占进出口总额的4.9%。其中，出口约为 13 918亿元，增长28.3%，占总出口的6.4%，占比扩大0.4个百分点。跨境电商从低成本竞争转向了差异化竞争，品牌建设与发展成为出口跨境电商关注的热点，跨境电商企业纷纷加强品牌建设。通过跨境电商方式开拓海外市场，宣传和塑造企业品牌，是中国企业走向国际市场和晋升价值链高端的有效途径。企业传统的品牌国际化，一般都会经历从国内市场逐渐过渡到国外市场的过程，但跨境电商所走的品牌国际化路径不同于传统品牌国际化道路，有其特殊的特征。安克创新科技股份有限公司作为国内营收规模最大的全球化消费电子品牌企业之一，专注于智能配件和智能硬件的设计、研发和销售。在多个"中国品牌海外知名度"调研的榜单中，安克创新旗下品牌 Anker 在全球范围的消费者认知度与海尔、海信等国内耳熟能详的品牌排在同一水平线，消费电子品类仅次于联想、华为和小米，成功实现了全球品牌的打造和不断突破。

7.3.1.2　安克创新公司品牌国际化

1.安克创新公司简介

安克创新科技股份有限公司成立于2011年，是国内营收规模最大的全球化消费电子品牌企业之一，专注于智能配件和智能硬件的设计、研发和销售。企业业务从线上起步，主要销售渠道为 Amazon、Ebay、天猫、京东等海内外线上平台，在亚马逊等境外大型电商平台上占据领先的行业市场份额，拥有很高的知名度和美誉度；同时在北美、欧洲、日本和中东等发达国家和地区，通过与沃尔玛、百思买以及贸易商合作，线下收入增长快速。

安克创新致力于在全球市场塑造中国消费电子品牌，通过不断创新，将富有科技魅力的领先产品带向全球消费者，弘扬中国智造之美。成功打造了智能充电品牌 Anker，并相继推出 Soundcore、eufy、Nebula 等自主品牌，进一步拓宽业务领域，在

AIoT、智能家居、智能声学、智能安防等领域均有出色表现，在全球100多个国家和地区拥有超1亿用户。

自成立以来，安克创新以远超行业平均的增速发展：其中2019年营收达66.55亿元；2020年营收93.53亿元；2021年，公司持续保持了良好的增长态势，营收125.74亿元，同比增长34.45%，净利润9.82亿元，同比增长14.70%。

Anker作为全球高品质智能充电专家，主营产品包括移动电源、充电头、数据线等数码产品周边。成立以来，Anker持续增加在研发上的投入，推出了多款高品质产品，获得了全球消费者的认同。"为生活充满电"是Anker的品牌理念，Anker的使命是弘扬中国智造之美，希望通过创新技术成为"国货之光"，让世界见证中国制造的高品质，听见中国品牌的声音。2021年，安克创新入选胡润中国大消费民企百强榜，位列榜单第37位；安克创新在2021年金投赏商业创意奖中获金奖和银奖；Anker位列2021年BrandZ™中国全球化品牌50强第13名；安克创新获7项iF设计奖和4项红点设计奖以及5项日本优良设计奖；安克创新全球用户数超过1亿。Anker不仅受到全球用户的认同，还受到了合作商的高度认可。例如，Anker是苹果官方直营店里唯一的中国合作品牌。Anker凭借卓越的工艺与品质斩获包括红点奖、iF设计奖在内的21个国际大奖，开创性地将航天级先进工艺应用到消费充电领域，拉开了行业氮化镓工艺的序幕。

2.安克创新公司品牌国际化的步伐

2019年12月，安克创新创始人兼CEO阳萌站在了亚马逊全球开店跨境峰会的主题演讲席上，与著名财经作家吴晓波等人并列，作为亚马逊卖家的杰出代表分享国际品牌的打造心得。

"打造国际品牌"这一路如何走来？如何走下去？安克创新创始人阳萌说："起步于亚马逊，通过三个阶段打造。"

安克创新致力于设计、研发、销售智能硬件，并持续拓展国内外销售网络，扩大产品种类，成为中国最大的出海消费电子品牌之一，其国际化经营历程可以总结为三个阶段，分别是初始发展阶段、高速发展阶段和全球发展阶段。

（1）初始发展阶段（走向国际）

安克创新从诞生之日起，就是一个典型的天生全球化企业。2011—2013年，安克创新以线上渠道为主，从亚马逊切入，从2012年夏天成为亚马逊Best Seller开始，安克创新便依托亚马逊这个欧美主流线上平台的扩张，进入欧洲的英国、德国、法国，以及北美的加拿大等站点，再进入日本、东南亚、澳大利亚等国家和地区。

2013年，安克创新加快了品牌国际化的进程，在日本和英国成立分公司，正式提出"1+X"全球化框架畅想，即"1"为中国市场，"X"为海外市场。在每个市场国家设立"国家代表"，主要提供产品和线上线下运营方法论的支持，安克创新采用这样的海外市场监管体系来达到市场全球化。

（2）高速发展阶段

2014—2016年，安克公司开始全面扩张，从移动电源到消费类电子配件，销售的范围从发达国家为主开始转向发展中国家，在东南亚、非洲、印度等地区开始销售产品。2014年底，安克创新的全球化遇到一个重要契机。开始有人主动发来邮件，问能不能在中东等地区做安克创新的代理商。2015年，安克创新开始尝试拓展线下市场。2016年，安克创新再次迎来重大突破。同年10月，安克创新的产品在经历层层质量审核之后，成功进入沃尔玛在美国的3 000多家门店。沃尔玛的准入门槛非常高，服务沃尔玛对Anker提出了新的要求和挑战，也推动了Anker线下业务能力和组织的升级。

沃尔玛的重大突破让安克创新的管理层信心大增，他们从2016年开始组建RSO（区域销售与运营）团队，偏重于区域的销售拓展。在美国，除了沃尔玛，安克创新还成功进入塔吉特、好市多、百思买等前几大线下零售网络。不单单是美国，德国、英国、法国，基本上所有发达国家的线下零售体系，都能看到安克创新产品的身影。

在城市零售体系并不发达的中东地区，安克创新因地制宜，采取招募本地实力代理商的方式。过去十年安克创新在全球市场四面开花，得益于好产品和持续的品牌塑造，更得益于类似华为"国家代表"的海外市场管理体系，而中国总部更像是一个供货商，主要提供产品和线上运营方法论的支持。

（3）全球发展阶段（进一步突破）

2016年至今，安克创新已基本形成"1+X"全球化经营格局。当靠着敏锐洞察力和改良产品的执行力，打造了一个个爆款后，安克创新开始思考品牌发展的下一个目标。

对于通往领导品牌的路径，安克创新有自己的规划：品牌力最核心的部分就是产品力，而本地化的营销和触达可以帮助品牌在成为一个领导品牌的道路上加速向前。

3.安克创新公司品牌国际化不断突破的方式

（1）品牌端升级三步走

安克创新公司从渠道品牌、改良品牌，再到龙头品牌，实现品牌升级三步走。2011—2014年，公司尚为渠道品牌。公司打破中国产品"低质低价"的标签，通过亚马逊渠道向海外消费者输送以"专业可靠"著称的充电类产品。2011年，公司旗下品牌Anker产品月销售额就冲破100万美元大关。2012年，Anker在美国获得亚马逊假日销量冠军。2014年，Anker获日本最有影响力的经济报Nikkei报道，被称赞为"亚洲的能源品牌"。2015—2017年，公司进入持续创新阶段，利用前期积累的品牌势能逐步改良品牌形象，孵化出三大子品牌并分别支撑投影仪、家居智能硬件及智能音频三类新产品，品类的逐渐丰富促使Anker逐渐向行业标杆品牌转型。2015年荣获亚马逊颁发的"杰出中国制造奖"，2016年相继推出Soundcore、Eufy、Nebula等创新品牌，公司旗下品牌矩阵逐步完善，覆盖终端用户多应用场景。2017年，Anker以第8名的成绩入选"BrandZ™中国出海品牌30强"。2018年至今，Anker已连续四年入选BrandZ™的中国全球化品牌50强，成为行业内的领导品牌，Eufy、Soundcore等子品牌在海外市场也已享有较高美誉度。2018年，Anker获"成长最快消费电子品牌"奖。2019年，在美媒公布的"过去十年百款酷炫科技产品排行榜"，Anker位列16名，是中国品牌的最佳成绩。

（2）产品设计升级三步走

从产品端方面，从"VOC选品+微创新导向"到"自主研发"，再到"品类拓展导向"模式，产品升级三步走。2011—2014年，公司主要是"VOC选品+微创新导向"的产品策略。2011年，注册成立美国公司，同年Anker因为选品质量过硬，产品月销量突破100万美元。2012年，深圳研发中心成立，自主研发的4 500毫安时超薄移动电源上市热卖。2013年，Anker首创PowerIQ™的充电技术，开创了行业的里程碑。2014年，Anker产品在北美、欧洲等市场成为爆款。

2015—2018年，Anker开始以自主研发导向为主。2015年，Anker的产品不再局限于移动电源，开始布局多元化产品结构，拓展到消费类电子产品全线。2016年，正式成立智能家居事业部同时进行Roav车载智能硬件、Nebula智能屏显设备等新项目的研发，布局车载智能和智能投影领域。2017年，Anker成立无线音频事业部，TWS与智能微投众筹大获成功。2018年，Anker旗下产品累计获7项红点设计奖、1项G-Mark优良设计奖，8项iF设计大奖。

2019年开始，Anker开始以品类拓展为导向，持续拓展产品矩阵并对现有品类不断优化。2019年，发布全球首款同轴声学架构TWS耳机Liberty 2 Pro，并在苹果官方旗舰店上架5款产品。同时安克创新在国际大赛上收获颇丰，获4项iF设计大奖、3项红点设计奖。2020年，Anker推出智能硬件品类"创业者集结计划"，截至2020年末，公司拥有销售额过亿产品线18个。

（3）产品供应内外升级

安克创新采用"自主研发设计＋外协生产"的产品供应模式，即公司主要负责产品的开发、设计及品质控制，所有的产品均由外协厂家生产，因此，安克在研发创新上的投资，在整个成本上占据了很大的比重。2017—2020年，企业的研发支出分别为2.01亿元、2.87亿元、3.94亿元和5.67亿元，在营业收入中的比重分别是5.14%、5.48%、5.92%和6.07%，相较于同行业竞争对手，研发支出相对较高。2020年安克创新在研发上的投入资金与2019年相比增加了44.13%，截至2020年末，研发人员总数为1 010人，占全部员工总数的47.11%，且企业已经拥有780项专利，包括44项发明专利、212项实用新型专利、514项外观专利。安克创新早期由于资本和能力的限制，从开工厂到生产、销售的时间跨度较大，因此，安克创新选择了外协生产模式，即所有的制造都是由代工厂来完成，企业只购买了一些核心的电芯、一些电子元器件和少量包装材料，最终外协厂商将完整的产品交还给企业进行售卖。在产品供应的品质方面，安克创新严格控制供应商的挑选标准，严格执行质量检验，确保质量的可靠性和使用安全，并有完善的供应商管理体系和产品质量控制系统。安克创新在选择外协生产后，适应能力逐渐得到改善，对于市场的变化能够做出快速的应对，运营能力较为高效。这种轻资产的经营模式为安克创新带来了更高的收益。总的来说，采用这样的产品供应模式，安克创新可以将自己的资源和能力投入高附加值的产品开发中，从而最大限度地发挥企业的资源价值。通过发展优秀的核心技术，也就是研发设计活动，能够产生强有力的进入壁垒，防止现存的或潜在的竞争对手进入企业的业务范围，增强其战略优势。

（4）产品销售渠道升级三步走

从渠道端方面，从线上运营到线下运营再到全球本土化整合运营，渠道整合三步走。2011—2013年，Anker主要是在线上运营。2011年，公司从亚马逊平台出发，先进入美国，后又进入德国、意大利等西欧市场。2012年，通过亚马逊平台，进入西班牙、日本等市场。2013年Anker正式形成"1＋X"的全球化架构，日本、中国香港、英国等公司相继注册成立。

2014—2018年，Anker开始注重线下渠道拓展。2014年，Anker入驻美国最有影响力的超市之一Staples，在线下超市出售移动电源。2015年，公司开始扩大销售范围，在发展中国家积极开拓市场，在中东、东南亚等地区均设有线下销售渠道。京东旗舰店、天猫旗舰店的上线，意味着安克创新正式布局中国市场，同时与滴滴出行、洲际酒店集团（IHG）以及日本电信运营商KDDI和Softbank C&S达成合作。

2016年，Anker分别与全球最大的电子产品零售集团百思买和全球最大的连锁超市沃尔玛达成合作，进一步拓宽国际线下市场渠道。2017年，Anker第一次亮相欧洲最大的展会IFA，现场签下高达50万美元的订单，全球媒体争相报道，名利双收。2018年，安克创新首次新品发布会在纽约成功举行。

2019年至今，Anker开始全球本土化整合运营，逐步向"全渠道、多国家、本地化"的渠道目标运营。截至目前，Anker海外本土化市场运营团队超300人，有8 000多万的用户分布在全球100多个国家和地区，公司已实现"线上＋线下"全渠道覆盖。

4.安克创新跨境电商企业品牌国际化的挑战

（1）品牌国际化进一步发展的人才培养与提升问题

跨国品牌的建立流程及环节较长，精通品牌选品、策划、品质评审到品牌营销的国际化人才极其稀缺，高端品牌管理涉及国际化的交流，对从业人员不但有语言的要求，而且对素质和国际品牌知识的掌握程度要求都极严格。目前安克创新公司同样面临着管理者在国际市场建立品牌的营销技能和管理能力的提升问题。内部人才有成长、外部人才有机会。要实现在多个品类持续地赢，需要把公司变成一个培养人才、聚集人才的平台。在速生速死的消费电子行业要想成为一家持续赢的公司，需要通过组织创新，把方法流程化、能力平台化、组织开放化，通过赋能把公司变成一个适合出海硬件创业者的平台。

（2）储能产品在品牌国际化中的提升

发家于小充电事业，十年充电类产品研发和销售的经验让安克创新深谙"充电"和"电源"技术，储能产品的提升在公司品牌国际化中具有重要的地位。

对比之下，安克创新从成立的第一天开始从事2C业务，对全球尤其是欧美市场消费者有持续和深入的洞察；品类上以充电业务起家，从2016年开始陆续进军家庭清洁/家庭安防智能家居领域，恰好成为安克"家庭能源生态系统"的重要拼图，这些扫地机器人、洗地机、安防摄像头、智能门锁等产品，与电源管理中枢，链接成一整个用电生态，一切水到则渠成。因此，对于未来的产品形态，安克认为用电需求不能只是单靠场景去切割，而是要综合考虑，做一个以家庭为单位的电源生态系统，来全方位解决家庭用电问题。在储能产品的领域如何进一步提升从而更好推进安克公司品牌国际化要解决的关键问题。

（3）如何更好地实现线上线下两步走

对于跨境电商企业来说，要想实现品牌国际化需要用整合的思想来看待线上和线下营销，光有线上是做不起来品牌的，一流品牌一定要做到线上线下的覆盖。安克创新从 2015 年开始，持续地在各个国家拓展线下的渠道。每个国家的线下渠道都不一样，这就需要因地制宜，比如，在美国，通过沃尔玛、百思买大卖场中有专业经验的采购经理去沟通；在巴西，则是通过本国的分销商销售，他们没有专业品类的销售经验，需要不断磨合。在安克创新国内公司品牌国际化的发展中，如何利用互联网思维，将虚和实相结合，线上和线下共同发展，是品牌国际化进一步发展的重要问题。

（4）如何利用数据资料，立足消费者需求，不断改良产品

想要真正做到"满足用户需求"并不容易，真正开始创新，就需要接近你的消费者，主动倾听他们的声音。亚马逊平台提供的 VOC（Voice of Customers，消费者之声，亚马逊向卖家提供的开放的、真实的消费者意见）被阳萌称为"独一无二，几乎免费却十分真实有效的途径。"为了从 VOC 获得更多的帮助，安克创新需要搭建自己的系统去对接、抓取、分析和解读这些用户的声音，将 VOC 的相关指标纳入绩效目标中去，实现整个公司从产品定义、设计研发，再到产品服务所有环节都进入一个良性循环：不断聆听消费者的声音，然后思考如何做出更好的产品、提供更好的用户体验。作为跨境电商企业，面对的是纷繁复杂的海外场景，要立足本地市场，着眼消费者需求，从用户的角度出发打造产品，企业应当善于利用跨境电子平台提供的数据进行分析，依靠数据资料制定合理的产品打造和品牌推广。

7.3.1.3　启发思考题

（1）分析跨境电商企业品牌国际化的发展重要性及特点。

（2）分析安克创新公司品牌国际化经历了什么样的发展？该公司品牌国际化成功的因素主要有哪些？

（3）依据安克创新公司品牌国际化面临的挑战及发展历程，从未来的角度提出安克创新公司品牌国际化发展的建议。

7.3.2　不断突破：安克创新跨境电商品牌国际化之路案例使用说明

7.3.2.1　教学目的与用途

1.适用课程

国际投资与跨国企业管理、国际贸易、国际商务。

2.适用对象

国际经济与贸易专业、国际商务专业本科生和硕士生、MBA和EMBA学生，也适合具有一定工作经验的管理者。

3.教学目的

本案例以安克创新公司的国际化发展历程为基础，阐述其实施全球布局战略，布局消费电子产业全球价值链的过程，通过对案例的深入分析与探讨，使学生掌握中国民营企业"走出去"的国际化战略知识，具体教学目标如下：

（1）掌握民营企业国际化战略相关基本知识点，对外直接投资理论动机与国际化理论。

（2）学生能够从资源全球化、市场全球化、研发全球化和人才全球化视角去理解一个企业成功实现全球化的路径。

（3）学生能够将对外直接投资与国际化理论相结合，深入理解案例企业全球布局战略的原因。

7.3.2.2　启发思考题的分析思路

问题1：分析跨境电商企业品牌国际化的发展重要性及特点。

教师首先应帮助学生理解跨境电商企业品牌国际化的重要性，可以从扩大市场、增强竞争力、获取资源等角度进行分析。品牌国际化的特点包括市场导向性、技术创新驱动、线上线下融合等。

跨境电商企业的品牌国际化在当今全球化的商业环境中具有重要性。首先，随着互联网的普及和全球市场的开放，跨境电商企业有机会将其品牌推向全球，实现更广泛的市场覆盖和更多元化的收入来源。其次，品牌国际化有助于提升企业的竞争力和影响力，建立在全球范围内的品牌认知度和声誉，从而吸引更多的客户和合作伙伴。最后，通过品牌国际化，跨境电商企业可以更好地适应不同国家和地区的市场需求和文化特点，提供更具有针对性的产品和服务，增强客户满意度和忠诚度。

　　跨境电商企业品牌国际化的特点包括以下几个方面。首先，跨境电商企业通常具有强大的线上渠道和数字化营销能力，可以通过互联网平台快速扩展到全球市场。其次，这些企业往往具有灵活的供应链和物流体系，能够实现跨国物流和订单管理，确保产品能够快速、安全地送达全球各地客户手中。再次，跨境电商企业还注重品牌形象和用户体验，通过精心设计的品牌标识、网站界面和客户服务，塑造出良好的品牌形象，提升用户满意度和忠诚度。最后，跨境电商企业还需要面对不同国家和地区的法律法规、支付方式、货币汇率等多样化的挑战，需要具备较强的国际化管理和风险应对能力。

　　问题2：安克创新公司品牌国际化经历了什么样的发展？该公司品牌国际化成功的因素主要有哪些？

　　教师引导学生分析安克创新公司品牌国际化的历程，包括从线上到线下、从单一品牌到多品牌矩阵、从单一市场到全球市场的发展。成功的因素包括明确的市场定位、持续的研发投入、灵活的渠道策略、有效的本地化运营等。

　　安克创新公司是一家以技术创新为核心竞争力的企业，其品牌国际化经历了一系列阶段性发展。首先，该公司在国内市场建立了稳固的品牌基础，通过不断的技术研发和产品创新，赢得了市场认可和用户口碑。其次，安克创新公司开始将目光转向海外市场，通过参加国际展会、拓展海外代理商和建立跨国合作伙伴关系等方式，逐步开拓了海外市场，取得了一定的国际化业绩。最后，安克创新公司通过设立海外分支机构、建立海外生产基地和收购国外企业等方式，实现了品牌在国际市场的进一步扩张和巩固。

　　安克创新公司品牌国际化成功的因素主要包括以下几个方面。首先，该公司具有强大的技术研发和创新能力，能够不断推出符合国际市场需求的高品质产品，赢得了国际客户的信任和青睐。其次，安克创新公司注重建立健全的国际化团队和管理体系，拥有一支专业化、高效率的国际化团队，能够及时有效地应对海外市场的挑战和机遇。再次，该公司还注重品牌形象和市场定位，通过市场营销和品牌推广，树立了良好的品牌形象和国际声誉，提升了品牌在国际市场的竞争力。最后，安克创新公司能够灵活应对国际市场的变化和挑战，及时调整战略和策略，保持品牌的持续发展和竞争优势。

　　问题3：依据安克创新公司品牌国际化面临的挑战及发展历程，从未来的角度提出安克创新公司品牌国际化发展的建议。

教师引导学生从人才培养、研发投入、本地化运营、新兴市场拓展、大数据应用等方面提出安克创新公司品牌国际化发展的建议。

根据安克创新公司品牌国际化的发展历程和面临的挑战，可以提出以下几点建议。首先，安克创新公司应继续加强技术创新和产品研发，不断提升产品质量和技术含量，以满足国际市场不断变化的需求。其次，该公司可以进一步优化国际化团队和管理体系，加强国际市场的营销推广和渠道拓展，提升品牌在国际市场的知名度和影响力。再次，安克创新公司还可以加强与国际合作伙伴的合作，拓展海外销售渠道，寻找更多的合作机会和发展空间。最后，安克创新公司需要密切关注国际市场的发展趋势和政策变化，及时调整战略和策略，灵活应对国际市场的挑战和机遇，实现品牌国际化的持续、稳定和健康发展。

7.3.2.3 理论依据及分析

1.全球化战略理论

迈克尔·波特提出的全球化战略理论包括三种基本模式：跨国化、国际化和全球化。安克创新可能采取的是全球化模式，即在全球范围内寻求规模经济和范围经济，通过标准化的产品和统一的品牌形象，实现成本效益和市场覆盖的最大化。这种模式有助于安克创新在全球范围内扩大市场份额，提高品牌知名度，并实现成本节约。

2.品牌全球化理论

品牌全球化理论探讨如何在全球化背景下管理品牌。它强调品牌在全球范围内保持一致性，同时根据不同市场的特点进行本地化调整。安克创新在国际化过程中，通过统一的品牌形象和本地化的营销策略，体现了这一理论的应用。这种平衡标准化与本地化的策略有助于安克创新在全球范围内建立一致的品牌形象，同时满足不同市场的特殊需求。

3.国际化阶段理论

国际化阶段理论认为企业的国际化是一个逐步演进的过程，通常分为无系统国际化、出口营销、国际营销和全球营销四个阶段。安克创新根据自身发展阶段，逐步推进国际化进程，从最初的出口营销到建立全球营销网络。这种逐步扩张的过程有助于安克创新更好地适应国际市场的变化，并逐步建立全球市场竞争力。

4.全球/local 战略理论

全球/local 战略理论讨论跨国公司如何在全球范围内整合资源，同时适应本地市场。安克创新通过全球整合优化资源配置，实现规模效应和成本优势，同时注重本地市场的特殊需求。这种策略有助于安克创新在全球范围内实现资源的最优配置，并提高市场竞争力。

5.消费者行为理论

消费者行为理论研究消费者在购买决策过程中的心理和行动，包括文化、社会、个人和心理因素。安克创新通过了解消费者行为来设计和推广产品。这种深入理解消费者需求的行为有助于安克创新更好地满足市场需求，并提高产品的市场竞争力。

6.价值链理论和供应链管理

价值链理论强调企业内部各个环节的增值活动对竞争优势的重要性。供应链管理则是价值链理论在实践中的应用，关注如何优化从原材料采购到最终产品交付的整个过程。安克创新通过优化供应链管理，降低成本，提高产品质量和交货速度。这种优化供应链管理的策略有助于安克创新提高运营效率，降低成本，并提高产品质量。

7.网络理论和关系营销

网络理论关注企业与其利益相关者之间的相互关系和合作。关系营销则是建立和维护长期顾客关系的实践，旨在提高顾客忠诚度和品牌忠诚度。安克创新通过关系营销建立品牌忠诚度，并与合作伙伴建立长期合作关系。这种建立长期合作关系的策略有助于安克创新提高顾客忠诚度，并建立稳定的客户基础。

8.蓝海战略理论

蓝海战略理论提出企业不应在饱和的市场中与竞争对手激烈竞争，而应创造无竞争的市场空间。安克创新通过创新产品、服务和商业模式来满足未被满足的需求。这种创造新市场空间的策略有助于安克创新在竞争激烈的市场中脱颖而出，并实现持续的市场增长。

9.企业核心竞争力理论

企业核心竞争力理论认为，企业应专注于其最擅长和最有价值的领域，即核心竞争力。安克创新通过识别和培养自身的核心竞争力，如产品研发、品牌建设和营销能力，实现可持续的国际化发展。这种专注于核心竞争力的策略有助于安克创新在全球市场中保持竞争优势，并实现长期的成功。

7.3.2.4 关键要点

本案例分析的关键要点在于厘清安克创新公司的"全球布局"战略的实施与安克创新公司成长壮大的关系，揭示从"国内布局"到"全球布局"打造智能硬件领域国际品牌的演变逻辑，弄清楚安克创新公司国际化动因与进入模式的演变，进而影响其资源全球化、市场全球化、研发全球化和人才全球化的国际化布局升级。通过安克创新公司国际化历程演变，总结其成功实现"全球布局"战略的关键驱动要素，对于中国其他民营企业"走出去"具有借鉴意义。

教学中的关键要点在于：

（1）动因分析。教师应引导学生深入探讨安克创新实施"全球布局"战略的动机，包括对外直接投资的动因，以及公司如何通过全球资源整合实现竞争优势。

（2）全球价值链参与。教师应帮助学生理解安克创新如何通过不同方式（如出口贸易、跨国并购、契约进入等）融入全球价值链，以及这些方式的具体应用场景和效果。

（3）技术创新路径。教师应指导学生分析安克创新的技术创新模式，包括正向创新和反向创新的特点和优劣势，以及这些创新模式如何推动公司全球竞争力的提升。

（4）国际化战略要素。教师应引导学生探讨安克创新在资源全球化、市场全球化、研发全球化和人才全球化等方面的具体做法和效果，以及这些国际化战略要素如何相互支撑，共同推动公司的全球化进程。

（5）未来国际化路径。教师应启发学生思考安克创新在深化全球价值链和全要素产业链整合方面的策略，以及公司如何根据全球市场动态和产业趋势调整战略布局，以实现持续的国际竞争力提升。

7.3.2.5 建议课堂计划

建议课堂计划如表7-8所示。

表 7-8　建议课堂计划

序号	内容	教学活动	形式	时间
1	课前准备	发放案例正文，提出启发思考题，请学生在课前完成阅读和初步思考，并了解国际直接投资相关理论、全球价值链理论、国际化等理论知识，以小组为单位准备汇报PPT	小组阅读并制作展示PPT	提前两周
2	课堂阅读	对安克创新公司的国际化发展路径和未来的国际化道路做进一步探讨，在原来准备的PPT基础上补充发言提纲	小组讨论，补充汇报内容	15分钟
3	小组发言	针对上述思考题，随机抽取三个小组汇报	小组汇报，教师记录	每组15分钟共计45分钟
4	讨论交流	选取未汇报的小组对汇报小组打分并提出建议	教师与学生深度讨论	20分钟

7.3.2.6　参考书目及文献

1.讲义材料：教学案例正文

2.参考书目

(1)《全球价值链：测度与应用》

作者：苏庆义

ISBN：978-7-5203-7865-9

出版日期：2021年3月

出版社：中国社会科学出版社

3.参考文献

（1）季生.安克创新，绿色转型与变革[J].经理人，2024（3）：22-25.

（2）路江涌，张山峰，谢绚丽.创新驱动国际创业：以安克创新为例[J].清华管理评论，2023（11）：98-108.

（3）何梦妍.感知品牌全球性对消费者购买决策的影响研究[D].杭州：浙江大学，2023.

（4）翟时可.垂直型跨境电商商业模式研究[D].长春：吉林大学，2023.

（5）周再宇.从0到125亿元，安克创新的增长路径是什么？[J].销售与市场（管理版），2023（6）：35-38.

7.4 传音手机："非洲手机之王"的成功之路

7.4.1 案例正文

7.4.1.1 引言

根据《新兴市场30国：综合发展水平测算与评估》，2020年，新兴市场国家的人口总数为48.20亿人，占世界总人口的62.17%。但以撒哈拉以南非洲、中东和亚太为代表的新兴市场手机渗透率远低于成熟市场的水平，全球移动通信系统协会（GSMA）公布的《2023年全球移动经济发展》报告中显示，撒哈拉以南非洲、中东和亚太地区2022年手机渗透率分别为43%、65%和62%，而中国、欧洲、北美成熟市场则已分别达到89%、92%和89%。

新兴市场尚处于功能手机向智能手机过渡的阶段，功能手机仍占据较高的市场份额，智能手机市场普及率相对较低，甚至还有一定比例尚未使用手机设备的人口。随着经济发展水平和人均消费能力的提升，在手机智能化发展的大趋势下，新兴市场的智能手机市场潜力巨大。

7.4.1.2 中国手机品牌"出海"现状

1.全球市场份额不断上升，高端市场仍是短肋

国际数据公司（IDC）公布的数据显示，2023年全球智能手机出货量为11.7亿部，同比减少3.2%，创下了十年来出货量最低。2023年全球智能手机销量排名前五的厂商依次是苹果、三星、小米、OPPO和传音。2023年，苹果手机出货量2.346亿部，市场份额占比超过20%；三星出货量2.266亿部，市场份额占比为19.4%；小米全球出货量排名第三，出货量达1.459亿部，市场份额占比12.5%；OPPO和传音出货量分别为1亿部和9490万部，市场份额占比分别为8.8%和8.1%。

而在高端手机市场，市场研究机构Counterpoint Research的数据显示，2023年苹果以高达71%的市场份额称霸，其次是17%的三星，之后是携Mate 60系列回归的华为，占5%的市场份额。其他中国手机品牌在全球高端手机市场的份额微乎其微。

2.新兴市场是主要目标，欧美市场进入困难

2010年前后，中国手机品牌在国内市场占据主导地位之后，掀起了第一轮出海潮。大部分手机品牌都选择新兴国家市场作为出海第一站。2007年，带着自有手机品牌 TECNO、itel，传音正式进军非洲。2009年，OPPO进入泰国，开始以东南亚为起点，探索海外市场。2013年，华为凭借自身技术优势，没有像其他竞争对手那样选择发展中国家，而是首选欧美高端市场为自己的第一个出海目的地。2014年，紧随其后的小米先后进入了新加坡、印度与印度尼西亚市场，vivo进入了泰国市场。

目前，除了华为之外，其他中国手机品牌虽然在手机出货量上已经进入全球手机制造业的第一集团，但海外的主要业务收入来自新兴国家和地区，长期以来，一直都很难进入欧美成熟的智能手机市场。根据调查机构IDC的数据，2023年美国智能手机市场占有率排名情况为：苹果（51.9%）、三星（22.4%）、联想–摩托罗拉（8.0%）、谷歌（4.6%）、TCL（4.2%）、其他品牌（8.9%）。根据市场研究公司 Canalys 的数据，2023年，三星与苹果约占据了欧洲智能手机70%的市场份额，小米的市场份额约15%，其他手机品牌份额均不到5%。尽管TCL在美国市场，小米在欧洲市场取得了一定的成功，但对于其他国内手机品牌而言，依然面临着重重挑战。TCL在美国是以中低端机型为主，联想是依靠摩托罗拉之前的品牌优势保住了在美国的市场份额，而小米在欧洲的销量主要是来自东欧，西欧国家的销量仅占公司欧洲市场销量的三分之一。发达的欧美市场对于国内品牌而言是一个高度竞争的市场，消费者对品牌的忠诚度较高，新品牌很难在欧美打开市场。

3. 风险与机遇共存，出海障碍重重

中国手机品牌在2010年陆续"出海"之后，在各自目标市场获得了快速的发展，但随着中国手机品牌逐渐在当地市场崛起，引发了东道国政府及本土企业的警惕，对中国手机实施了打压策略。

2018年，经过市场耕耘，华为手机在全球智能手机市场中的份额已达13.3%，超过苹果的11.9%，仅次于三星的19.3%。但随着2018年中美贸易摩擦的爆发，身处矛盾中心的华为遭到美方的持续制裁。尤其是釜底抽薪的"限芯令"，让华为手机在海外市场深陷困境。受到华为的影响，荣耀在海外市场的发展也陷入低谷。为了将损失降到最低，华为在2020年将荣耀彻底拆分出去。直至2023年6月，华为才推出 Mate 60 Pro 手机，表明重返美国市场。而这丢失的4年时间里，华为原来在美国的市场份额已经被竞争对手瓜分，不得不重新开始。

从2021年底开始，小米与vivo就接连遭到印度政府的税务审查。小米在2022年被印度执法局以违反《外汇管理法》为由，扣押了555.1亿卢比（约折合人民币48.2亿元，相当于小米2022年全年净利润的一半）的外汇款项，至今仍在与小米相互扯皮。

同样在2022年，印度执法局以vivo违反《防止洗钱法案》为由，冻结了46.5亿卢比（折合人民币约3.9亿元）。虽然印度方面之后撤销指控，责令vivo提供1.19亿美元（折合人民币约13.6亿元）做担保，但数月之后，vivo再次被指控逃税221.7亿卢比（折合人民币约18.8亿元），并没收了vivo在印度生产的2.7万部智能手机。

OPPO也没能幸免，还是在2022年，被印度税收情报总局指控逃税438.9亿卢比（折合人民币约37.2亿元）。

4. 5G技术遥遥领先，部分核心零部件依赖进口

随着5G时代的到来，智能手机作为人们生活中不可或缺的一部分，正经历着前所未有的技术革新。5G网络以其高速、低延迟和高容量的特点，为智能手机带来了前所未有的发展机遇，同时也推动了人们生活方式的深刻变革。根据《全球5G标准必要专利及标准提案研究报告（2023年）》，中国企业在全球5G专利数量上占据绝对优势。前十大企业中，中国企业就占据了五席，其中华为以专利占比14.59%的成绩位居榜首，高通以10.04%的专利占比紧随其后，三星排名第三，占比为8.8%。此外，中兴、LG、诺基亚、爱立信、大唐、OPPO等中国企业也成功上榜。这一数据显示了中国企业在5G专利领域的强大实力以及在全球范围内的领先地位。2024年3月27日，发布《中国移动经济2024》报告，报告中预计2030年，中国5G连接数将占全球5G连接总数的近三分之一，中国的5G普及率将逼近九成，成为全球领先的市场之一。

近些年，国产手机品牌在技术创新方面取得显著成果，包括5G技术领先、人工智能技术广泛应用、创新摄像技术、快充技术突破和柔性屏技术实践等。特别是华为，受到2018年事件影响之后，华为在自主研发芯片方面投入了巨大的研发费用，推出了麒麟系列芯片。据媒体报道，华为2023年推出的Mate 60 Pro，包括芯片及其他10 000多种零部件，国产化率已经达到90%以上。而其他手机品牌国产化率均不及此。国产手机品牌的核心零部件主要来自美国、韩国、荷兰、德国等国家，其中美国占比最高，一旦遇到华为曾经发生的困境，势必对这些国产手机品牌发展造成严重影响。

7.4.1.3　传音手机的非洲成功路

1.传音公司海外市场发展情况

2006 年 7 月，波导销售公司常务副总经理竺兆江离职之后在香港成立了传音科技（传音控股前身）。经过多年发展，据 IDC 数据统计，传音 2022 年在全球手机市场的占有率已经达到 11.7%，位列全球第三，旗下智能机在全球智能机市场的占有率为 6.0%，位列第六。同年，传音占据了非洲智能机市场 40% 的市场份额，位列非洲第一；在南亚市场，传音在巴基斯坦和孟加拉国智能机市场占有率分别达到 37.9% 和 21.5%，均位列该国市场第一；在印度智能机市场占有率也升至 6.4%，排名第六。2023 年，非洲商业杂志 *African Business* 发布的"最受非洲消费者喜爱的品牌"百强榜中，传音旗下三大手机品牌 TECNO、itel 及 Infinix 分别为第 9、第 29 名及第 30 名；在百强榜中，TECNO 和 itel 是最受欢迎的中国品牌。

目前，传音除了在中国，还在埃塞俄比亚、印度、孟加拉国均设有生产制造中心。其售后服务品牌 Carlcare 已经在全球设有 2 000 多个售后服务网点（含第三方合作网点），是新兴国家市场主要的电子类及家电类产品服务方案解决商之一。传音全球销售网络已覆盖超过 70 个国家和地区，包括尼日利亚、肯尼亚、坦桑尼亚、巴基斯坦、孟加拉国、印度、菲律宾、埃及、哥伦比亚等。

2.传音公司发展历程

（1）初期探索阶段

2006 年，传音公司成立 1 个月后，推出了旗下第一台手机 TECNO-T201。2007 年，传音手机的另一个品牌 itel 问世。同年，传音手机决定正式进军非洲市场。通过市场调研和分析，次年，传音公司在尼日利亚建立了首个非洲分支机构。尼日利亚是非洲第一人口大国，总人口超 2.1 亿，且人口结构非常年轻，平均年龄约 18 岁，消费市场潜力很大。同年 9 月，传音公司针对非洲市场，推出了 TECNO-T57 手机，一经问世，便获得了非洲消费者的认可。在此基础上，传音公司开始逐渐构建在非洲地区的管理体系。

（2）深耕非洲阶段

2008 年以后，以尼日利亚为起点，传音开始向非洲多个国家市场渗透。依靠其特有的影像功能、宣传模式、四卡四待和高性价比等特色，在 2010 年进入了非洲手机市场占有率的前三名，开启了企业快速发展模式。通过对非洲市场的深入研究，依靠本地化策略，传音手机迅速在非洲站稳了脚跟。根据已有新闻报道，从 2016 年起，传音就已经成为非洲市场占有率第一的手机品牌，而且持续至今。

2009年，为了更好地服务非洲消费者，传音推出了售后服务品牌Carlcare，这是第一个在非洲本土设立售后服务网络的外国手机企业。Carlcare不仅解决传音公司旗下的手机品牌售后问题，还可以负责维修其他品牌的手机。目前，它已经成为非洲最大的电子类及家电类产品售后服务方案解决提供者。

2011年，传音选择在埃塞俄比亚首都亚的斯亚贝巴投资设立了手机制造中心，成为第一家在非洲地区建立制造基地的手机公司。

2013年，传音推出旗下第三个手机品牌Infinix，目标人群定位追求时尚智能生活的年轻一代。至此，传音在非洲手机市场上形成了主打高端商务的TECNO和主打性价比的itel以及主打年轻时尚的Infinix的品牌矩阵。

2014年，在其手机品牌及售后服务快速发展的同时，传音凭借在非洲市场已经形成的品牌影响力和销售渠道优势，创立了数码配件品牌Oraimo。Oraimo致力于提供消费电子产品设计、制造及销售的智能配件，配件业务产品主要包括智能音箱、智能手环、蓝牙耳机等，这些产品正好符合智能手机功能以及年轻人对数字穿戴产品的需求。经过多年的深耕打造，Oraimo以优异的品牌形象获得了广大消费者的好评，成功覆盖非洲、亚洲30多个国家和地区，已经成为非洲最受消费者欢迎的3C配件品牌之一。

2015年，传音乘胜追击，在非洲推出家电品牌Syinix。2017年3月1日，传音首台SKD Syinix电视在埃塞俄比亚Alemgena工厂正式上线。这是Syinix家电事业部在非洲市场的第一条电视产线，象征着Syinix家电事业部在家电业务的进一步深入拓展。

在智能手机研发转型之外，传音控股同时在研发AIoT生态产品，以及生态互联技术：2021年推出首款TWS耳机之后，2022年底Tenco正式发布了首款笔记本电脑Tecno MegaBook S1，起售价为1 500美元，折合人民币约10 433元。

（3）全球拓展阶段

从2015年起，传音手机开始走出非洲，进入印度尼西亚、印度等东南亚和南亚市场，并逐渐延伸至拉美、中东等新兴市场。2016年，传音手机在印度上市，并决定在诺伊达建厂；同年，传音手机亮相迪拜哈利法塔，宣布进军全球市场；2017年，传音手机先后进入孟加拉国、尼泊尔等地区。

2022年，在拉丁美洲和中东欧智能手机市场，传音出货量均已跻身前五名，其中在拉美地区出货量同比大增75%，在中东欧地区，出货量同比大增122%。在南亚地区，从2020年起，传音一直在巴基斯坦智能机市场占有率排名第一，占据约40%的市场份额。在孟加拉国，2022年占有率达到21.5%，位列第一。传音在印度市场的智能机市场份额也从2019年的3%提升至2022年的6.3%，排在第六位。

随着对新兴市场的拓展，传音的营收结构已发生巨大转变，非洲之外的市场收入占主营业务的比重在2021年首次超过非洲地区。2022年，传音非洲市场营收占比和其他新兴市场占比分别为45.71%和54.29%。

3. 发展理念"全球化思维，本地化创新"

（1）以人为本的产品设计

传音认为，好产品自己会说话。本地化创新，首先是产品，产品是根本。为了了解新兴市场消费者对手机产品差异化的用户需求，传音会深入当地、观察当地消费者手机使用习惯。

在全球主流手机自拍功能都没有考虑非洲人皮肤特色的背景下，传音抓住这个机会，对非洲当地人的脸部轮廓、曝光和成像效果进行分析，打造了具有智能美黑功能的手机，不仅能够清晰地拍出非洲人的面貌，还能够智能调节肤色。通过这一功能，传音抓住了非洲用户的痛点，赢得非洲用户的认可。另外，传音还针对非洲电量不发达的环境，推出了待机时间可以长达20天甚至一个月的手机。同时根据非洲通信运营商种类繁杂的功能开发多卡多待手机。针对非洲人热爱音乐和舞蹈特性，研发出低音炮、大扬声器；非洲天气炎热，本地用户体质多汗且酸性高，于是传音开发出了具有防汗、防摔功能的手机，包括耐磨耐手汗陶瓷新材料和防汗液USB端口等特性。可以说，这些功能是对非洲用户的极致定制。

（2）稳定的本地化渠道

不同于很多中国山寨机进入非洲市场赚快钱，传音自进入非洲市场起，就坚持打下渠道绑定和铺设的硬仗，在非洲市场打造广覆盖、强渗透、高稳定的渠道系统。

由于非洲网络基础设施还不完备，电商渗透率较低，更多依靠传统的线下经销商渠道。因此，传音选择与非洲经销商和零售商进行深度合作，通过分销商大范围开设了线下零售店。同时，传音对重点国家及地区的销售网络进行信息化升级和改造，协助经销商不断下沉，将销售网络由当地一二线区域逐步向三四线区域覆盖，完善销售网络。传音还会通过驻场指导、统一宣传等形式，协助经销商进行产品的终端销售。传音也要求公司销售人员与经销商、分销商和零售商保持长期稳定的日常沟通，及时获取一手市场反馈和需求信息，帮助公司及时提升产品竞争力。而一直以来较高的利润水平和良好的合作体验，也让传音与各地的经销商建立了长期、良性的合作关系。

不仅如此，不同于其他手机厂商不注重在非洲这样的薄利市场搭建售后网络，传音建设了完整的售后服务网络，打造"售服一体"，实现销售和服务同步，强调全周期服务理念，坚持长期主义。

（3）极致的性价比

传音的目标市场都是新兴国家和地区，属于发展中国家，国民收入普遍较低。2008年，三星、诺基亚等国际大牌，其实早已进入非洲市场，但它们都有一个特点：贵。以诺基亚为例，最便宜的功能机都要卖到约四百元人民币，稍微好点的机型，更是直奔几百美元。大多非洲人民直呼："买不起"。于是初入市场时，传音就在非洲推出了几款价格亲民的手机，其中最便宜的一款，价格低至10美元。一举解决了非洲人民因为贵而买不起手机的尴尬局面。传音极为重视当地市场的购买力，国际大牌在非洲的智能手机在800～2 000元人民币，而传音功能机平均售价为66元人民币，智能机平均售价为454元人民币，最新5G智能机售价1 786～1 914元人民币。传音手机主流的配置、本土化的设计以及适合当地的价格，让传音手机的用户迅速遍及了非洲大大小小的村落。

（4）接地气的营销方式

非洲地区基础设施建设不完善、互联网不发达，且地域广阔，为了能快速提升品牌知名度，传音早期的营销方式十分粗暴。从肯尼亚的边境小城到卢旺达的旅游城市，都粉刷着传音的墙体广告。以致不少非洲国家流传着："只要有墙，就有传音"的说法。更夸张的，就连当地的油漆、油漆工，都因为传音的这一宣传方式而涨价了。

众所周知，非洲人民非常热爱足球，不论大人还是儿童，闲着没事就会踢足球，足球在非洲的普及程度就像乒乓球在中国。为了获得非洲球迷的喜爱，传音先后赞助了英超曼城、莱斯特城等球队，并且成为其球队官方合作伙伴。作为曼城足球俱乐部全球官方合作伙伴，传音控股在2021年合作开展Cityzens Giving社区融合项目，为哥伦比亚儿童和家庭提供包括足球训练、科技和健康普及在内的服务及互动。据了解，此项目已经惠及哥伦比亚当地12个社区，超过1 040位8～10岁儿童及其家庭。

（5）本地化的人才培养

由深圳市企业联合会、深圳市企业家协会2022年9月公布的"2022深圳企业

500强"企业中，有116家企业拥有海外雇员。其中，传音海外雇员规模位居榜首。面对庞大的海外雇员团体，传音在文化尊重的前提下，建立健全了其全球化职位职级体系，构建了本地化人才培养和激励的公司人力管理机制。传音海外公司有近三分之二为本地员工，不仅提高了当地市场的就业率，获得了当地政府和民众的好感，还避免了很多海外企业因为疫情所面临的员工往返问题，可谓是双赢。在制造方面，传音在埃塞俄比亚有两家工厂，工人大多为本地人。

（6）回报当地的企业担当

除了传音自身商业上的发展，也在积极促进当地的经济与社会发展。公司在非洲埃塞俄比亚投资建厂，拉动当地就业；在非洲发展当地的渠道伙伴和代理商，实现共赢；大力发展非洲公益项目，积极参与自然灾害救助，为贫困地区送温暖，为当地教育设立奖学金等。自2020年以来，传音通过资助联合国难民署"教育一个孩子"（Educate A Child）全球教育项目，已为肯尼亚和乌干达的两万多名难民儿童提供了高质量的小学教育。这些公益活动在当地市场为传音赢得了很好的名声。2021年，为了向非洲儿童提供更好的学习资源，旗下itel正式启动小小图书馆计划，拟在非洲完成1 000家itel小小图书馆的搭建。截至2021年底，itel小小图书馆已在非洲七个国家顺利落地，210个小小图书馆进驻本地不同的学校，受益的学生人数超过3.2万。

（7）多元化的业务发展

传音在逐步实现市场多元化的同时也积极布局业务多元化，拓展了数码配件、家用电器等业务。为了增强企业竞争力，基于智能手机销量增加带来的持续稳定流量，传音还积极开拓了移动互联业务，旗下手机品牌均搭载了传音OS。围绕传音OS，公司开发了应用商店、广告分发平台以及手机管家等工具类应用程序。公司与网易、腾讯等多家国内领先的互联网公司，在多个应用领域进行出海战略合作，积极开发和孵化移动互联网产品。截至2022年底，有多款自主与合作开发的应用产品月活跃用户数超过1 000万。音乐类应用Boomplay月活跃用户数约6 800万，曲库规模超过9 000万首，是目前非洲领先的音乐流媒体平台；新闻聚合类应用Scooper为非洲头部信息流与内容聚合平台之一，月活跃用户数约5 500万；综合内容分发应用Phoenix月活跃用户数约1.2亿，是非洲用户规模领先的综合内容分发平台，Phoenix通过用户洞察和本地化能力，推出了多个针对新兴市场用户的本地化功能，其通过推荐算法分发的内容受本地用户喜爱。

目前，传音"手机+移动互联网服务+家电、数码配件"的商业生态模式正在逐步成型。未来，传音能否像竞争对手那样，构建起智能终端与移动互联业务并举发展的模式，关系到传音在非洲市场的竞争优势能否长久保持下去。

4.内忧外患导致霸主地位受到威胁

（1）低价策略逐渐成为软肋

传音手机在非洲主打的是低价和高性价比的特色，以此吸引来的消费者，自然对价格波动分外敏感。近年来，受到全球经济环境的影响，电子产品所需的原材料价格不断上升、此外市场波动和通货膨胀都对传音的营收带来了影响。上游供应链价格的上涨，导致制造成本的增加，但低端机的消费者对价格更为敏感，所以即使成本提升，传音也不能轻易调整涨价，不然就会影响市场份额。传音2019年还有近30%的毛利率，2022年一季度却跌到了21%左右。

（2）领导者市场地位受到挑战

虽然在非洲市场中，传音旗下的手机品牌仍以超40%的市场占有率排名第一，但与高峰时57%的市场占有率相比，还是出现了下降趋势，可见传音在非洲的市场优势在逐渐消失。近年来，在国内手机厂商综合实力大幅提升的背景下，我国越来越多的手机厂商已经开始加速跑进非洲市场跟传音抢饭吃，导致竞争日渐加剧。2019年1月，小米率先打响出海非洲第一枪。紧接着2月，OPPO紧随其后。7月，vivo又宣布针对中东和非洲市场的扩张计划。至此，国内手机三巨头均已齐聚非洲大陆。作为"非洲手机之王"的传音，迎来了强力的挑战。

根据IDC数据，传音在非洲市场的智能手机出货量从2015年的1 372万部快速增长至2023年的3 450万部，市场份额从2015年的14.88%快速提升至2023年的45.7%。但与此同时，小米和OPPO等厂商也在迅速放量。根据Canalys数据，2023年非洲智能手机市场，传音出货量增速不及三星和小米。相比2022年，传音增速为8%，而小米为45%，OPPO为50%，realme为44%。截至2023年底，在非洲智能机市场中，小米和OPPO的市场份额已从最初为零的状态，分别扩大至9%和4%，作为OPPO的子品牌realme的市场份额为3%。

（3）核心竞争力处于劣势

手机摄像头、主板、内存、运行内存、机身，到各个上游核心零部件，传音控股自己都生产不了。传音被外界所诟病的就是其研发费用比严重低于科创板上市企业的平均水准，2019—2022年，其研发投入分别为8.05亿元、11.58亿元、15.11亿元和20.78亿元，逐年增长，但营收占比仅在3%左右。根据它国内的竞争对手财报显示，2022年小米的研发投入为160亿元，并预计五年（2022—2026年）总研发超 1 000 亿元。同年，华为的研发投入约为 1 615 亿元，vivo 的研发投入同样超过百亿元。在手机专利数量上，传音和国内厂商相比，明显也处在劣势。2021 年华为、OPPO、vivo 的发明专利授权量分别为 7 630 件、4 196 件和 2 916 件；而传音截至 2021 年获得授权专利仅为 1 705 件。

7.4.1.4　非洲市场依然潜力巨大

据国金证券统计，2020 年，非洲智能机的普及率只有 40%，人均智能机保有量仅有 0.33 部。截至 2022 年底，我国移动电话用户规模为 16.83 亿户，人口普及率升至每百人 119.2 部，高于全球平均的每百人 106.2 部。两个地区巨大的差距意味着巨大的潜力。

首先，非洲地区土地面积 3 020 万平方千米，包括 54 个国家，2022 年非洲总人口约为 14.27 亿人，已经成为世界上人口增速最快的地区，市场消费潜力巨大。人口红利保证了移动互联业务的增量趋势和行业规模。并且，大量的年轻消费群体意味着地区消费升级的进程会加快，地区经济的活力会有源源不断的优质劳动力，地区经济的发展与繁荣会有增长的动力。目前全球生育水平最高的前十位国家都在非洲。这里年轻人口占比高达 70%，已跃升为世界人口最年轻的地区。

其次，与欧美等发达地区相比，非洲地区虽然基础设施落后，互联网产业起步较晚，但也有利于其跳过传统 PC 时代而直接进入移动互联网时代，智能手机、智能家电等产品的推广会更容易普及和被消费者接受。伴随于此，许多和移动设备紧密结合的产品和服务也可以直接推向消费市场。

再次，非洲持续高速发展，据非洲发展银行统计，2010 年以来，非洲整体经济增长率几乎每年都高于全球平均水平，2022 年非洲经济虽有放缓，但发展势头不减，仍超过欧洲、北美、南美及世界平均水平，平均 GDP 增速维持在 3.8%，并预计 2023—2024 年非洲平均 GDP 增长水平将稳定在 4% 左右。

最后，当前非洲的基础设施普遍比较匮乏，家电普及率较低，除了比较发达的少数地区，大部分地区交通、医疗、金融以及物流等基础设施都比较落后。在中国的帮助下，非洲的基础设施正在逐步完善，这可以帮助非洲社会更快速地融入现代化发展中，实现更多产业的数字化转型。例如，伴随网络通信基础设施逐渐完善，智能手机的普及可以更加方便地处偏远地区的非洲人民利用互联网银行办理金融业务；可以方便非洲人民进行远程学习等。

7.4.1.5　启发思考题

（1）非洲被称为全球经济的最后一片"蓝海市场"，基于 PEST 分析法对非洲市场进行环境分析。

（2）传音凭借着完善的本土化策略，成功占领了非洲手机市场。传音手机如何进行本土化策略？

（3）相比华为、小米、OPPO、vivo，传音公司的优势和劣势分别是什么？面对竞争对手，你认为传音未来应该如何进行战略布局？

7.4.2　传音手机："非洲手机之王"的成功之路案例使用说明

7.4.2.1　教学目的与用途

1. 适用课程

国际市场营销学、跨国公司管理、国际商务。

2. 适用对象

国际经济与贸易专业、国际商务专业本科生和硕士生、MBA 和 EMBA 学生，也适合具有一定工作经验的管理者。

3. 教学目的

本案例以传音手机在非洲的成功为案例，分析了其在非洲的营销策略，通过对案例的分析与探讨，使学生理解并掌握中国企业在国际市场的运营战略和营销方式。

7.4.2.2　启发思考题的分析思路

问题1：非洲被称为全球经济的最后一片"蓝海市场"，基于 PEST 分析法对非洲市场进行环境分析。

教师首先应帮助学生理解PEST分析法。PEST分析法是一种企业用于分析目标市场宏观环境的研究工具，它包括政治（Political）、经济（Economic）、社会（Social）和技术（Technological）四个关键要素。这种分析方法帮助识别和理解那些影响企业或行业的主要外部环境因素，从而为战略规划和决策提供依据。

非洲政治环境：非洲政治局势总体稳定，局部动荡多发。非洲地区长期存在的政治不稳定性是人民币非洲区域化面临的最大风险之一。政变、军事冲突和部落战

争等都可能影响到中非经济合作和人民币的推广。而且，非洲长期以来都是大国竞
争的焦点。美国、欧洲和其他国家都试图在非洲扩大自己的影响力，这使得中国在
非洲的经济合作和人民币推广常常受到外部干预和阻挠。大部分非洲国家非常重视
与中国的关系，双方领导人有紧密联系，并且签订了很多经贸合作协议，但非洲动
荡的政治环境对手机企业的经营生产存在着负面效应，影响着中国手机厂商进驻非
洲市场。

非洲经济环境：自21世纪初以来，非洲经济长期保持正增长，在全球仅次于亚
太发展中国家。非洲拥有丰富的自然资源和年轻的劳动力潜力，目前整个非洲大陆
拥有超14亿人口，预计到2050年将增长至25亿，其中超过一半是不到25岁的年轻
人。这些都是非洲实现工业化、推动非洲大陆自由贸易区（AfCFTA）和消费市场发
展的重要基础。非洲经济将长期保持一定水平的稳定增长之势，而且东非较非洲其
他区域增长势头更强。但一些非洲国家仍面临宏观经济不稳、通胀压力加大、债务
风险上升、失业率高企、国内政局动荡、地缘政治冲突影响和气候变化冲击等内部
及外部多重风险挑战，各种不确定性犹存。

非洲各国基础设施建设水平不断提升，但整体水平仍相对落后。非洲开发银行
发布的报告显示，目前非洲仍有约6亿人用不上电；非洲大陆铁路总里程约8.4万公
里，且较集中于北部和南部非洲；非洲道路超过一半是非硬化道路，公路交通承担
着80%的货物运输和90%的旅客运输；非洲互联网普及率为46.8%，远低于全球平
均水平。报告同时指出，非洲基础设施建设拥有巨大的投资潜力，特别是在电力、
交通、数字化等方面。

国民的收入水平也保持增长趋势，经济体量的不断增长和消费者购买力的提升
显示着非洲手机市场蕴含巨大的经济潜力与动力。但落后基础设施也会对企业的营
销活动产生消极影响。

非洲社会环境：在非洲生活着2 000多个民族，说着不同的语言，拥有独特的
文化、穿衣风格和饮食习惯，这提高了企业进行市场细分的难度。同时，非洲地区
人口基数大，拥有超14亿人口并且人口自然增长率保持快速增长的水平。过快的人
口增长与各地区城市发展的不平衡导致在非洲地区存在巨大的贫富差距，手机企业
要考虑各个消费群体做好细分市场的营销策略。

非洲技术环境：非洲目前仍是全球工业化程度最低的地区。非洲国家经济普
遍依赖初级产品的生产和出口，工业制造业产出主要集中于低技术低附加值产品领
域，如农产品、食品、纺织品、服装及鞋类等，大多数非洲国家尚未参与全球工业

制造业的中高技术部分，贸易严重依赖大宗商品，长期处于全球生产链和价值链的低端。

伴随数字经济时代的到来，非洲的数字化实践正在全面展开。在许多非洲国家，智能手机和互联网的普及率正在迅速增长，这为数字化实践提供了基础设施。GSMA数据显示，2021年，非洲便已经拥有了超过6亿个移动货币账户，是世界上移动货币账户最多的地区之一。此外，移动货币的快速发展正在改变非洲的就业市场，金融服务的人群得到了广泛拓展，当地的中小型企业也开启了创新的商业模式。随着通信设施援助建设，未来非洲信息通信行业的发展将会带来智能手机的换机潮，手机行业的发展前景广阔。

问题2：传音凭借着完善的本土化策略，成功占领了非洲手机市场。传音手机如何进行本土化策略？

教师应引导学生回顾什么是本土化策略，再结合传音公司在非洲市场成功的经验，分析传音公司采取了哪些本土化手段。

本土化，简单来说就是顺应当地的环境，在跨国企业的生产经营中本土化往往指的是公司在国外市场根据东道国的社会、文化等环境要素，对包括生产模式、人力资源管理、营销方式以及产品研发等方面进行的相应改造，使其具备当地公司的特征。

传音采取的本土化策略，包括产品研发本土化、销售渠道本土化、营销方式本土化、人才培养本土化。

问题3：相比华为、小米、OPPO、vivo，传音公司的优势和劣势分别是什么？面对竞争对手，你认为传音未来应该如何进行战略布局？

教师应引导学生从市场先机、品牌、技术、售后、价格等多个方面分析传音公司的优势及劣势。应该结合全球手机制造业的发展趋势，为传音公司提出未来的发展建议。

传音的优势：以非洲为立足点，在新兴国家市场开拓中有丰富的经验；在非洲的市场口碑及品牌知名度是其他国产手机短时间无法超越的；在非洲，精准的产品设计、合理的市场定价和本土化的营销理念及完善的售后服务是它的最大优势。

传音的劣势：研发投入不足，核心技术薄弱，高端手机缺乏，毛利率低，品牌价值低。

发展建议：完善产品布局，延伸高端消费市场；提高品牌的形象，提升国际知名度；加大研发力度，树立核心竞争力；健全多元化销售渠道体系，构建全渠道零售。

7.4.2.3　研究方法及理论基础

1. PEST 模型

PEST模型由美国学者 Johnson. G 与 Scholes. K 于 1999 年提出，该模型是一种企业所处宏观环境分析模型。不同行业和企业的具体内容将根据自身的业务特点和需求而有所不同，但大多数的分析都基于影响企业发展的政治要素、经济要素、社会要素和技术要素等四个大类所包含的主要外部环境因素。

2. SWOT 分析法

SWOT 分析法是由旧金山大学管理学教授韦里克提出的，它是企业竞争分析的一种方法，也是营销战略分析的基本方法之一。它主要从四个方面：优势（Strengths）、劣势（Weaknesses）、机会（Opportunities）和威胁（Threats），全面、系统和正确地分析企业，并制定基于结果的可以提供给企业合适的改进策略、规避策略以及相应的措施等。

3. STP 营销战略理论

STP营销战略理论，首次由美国营销学者温德尔·史密斯（Wendell Smith）在20世纪 50 年代中期提出，后面经过菲利普·科特勒（Philip Kotler）的补充与完善，才形成了现在比较完善的 STP 理论体系。这一体系包括市场细分（Market Segmenting）、目标市场（Market Targeting）、市场定位（Market Positioning）三个步骤，构成公司营销战略的核心。

4. 4P 营销理论

4P营销理论是美国营销学学者麦卡锡于20世纪 60 年代在其《基础营销》书中提出的，包括产品（Product）、价格（Price）、推广（Promotion）、渠道（Place），因为这四个词的英文字头都是P，所以被称为4P营销理论。营销理论是营销学的基本理论，也是营销策略的基础。

5. 本土化战略

本土化战略是指跨国公司的国外子公司在当地从事生产经营活动的过程中，为了迅速适应东道国的经济、政治、文化，在人员、资金、生产、技术开发等方面实施本土化策略。本土化的实质是跨国公司将生产、销售以及人事管理等方面以东道国企业的身份开展，融入东道国经济，淡化企业母国色彩。

6.核心竞争力理论

核心竞争力理论由美国管理学者普拉哈拉德和哈默尔在20世纪90年代提出。该理论认为，企业应专注于其最擅长和最有价值的领域，即核心竞争力。安克创新通过识别和培养自身的核心竞争力，如产品研发、品牌建设和营销能力，实现可持续的国际化发展。这种专注于核心竞争力的策略有助于安克创新在全球市场中保持竞争优势，并实现长期的成功。

7.4.2.4 关键要点

本案例分析的关键要点在于分析传音公司在非洲市场成功的营销经验，以及思考当下伴随竞争环境的改变，传音公司未来的发展方向。通过对传音公司当前国际化战略运营的分析，不仅对传音公司未来发展方向提供了可靠依据，也对国内其他企业投身于海外市场提供了理论和经验。

7.4.2.5 建议课堂计划

建议课堂计划如表7-9所示。

表 7-9　建议课堂计划

序号	内容	教学活动	形式	时间
1	课前准备	发放案例正文，提出启发思考题，请学生在课前完成阅读和初步思考，并了解国际市场营销相关理论、全球价值链理论、国际化等理论知识，以小组为单位准备汇报PPT	小组阅读并制作展示PPT	提前两周
2	课堂阅读	对传音公司的成功经验和未来发展做进一步探讨，在原来准备的PPT基础上补充发言提纲	小组讨论，补充汇报内容	15分钟
3	小组发言	针对上述思考题，随机抽取三个小组汇报	小组汇报，教师记录	每组15分钟共计45分钟
4	讨论交流	选取未汇报的小组对汇报小组打分并提出建议	教师与学生深度讨论	20分钟

7.4.2.6 参考书目及文献

1.讲义材料：教学案例正文

2.参考书目

(1)《国际市场营销学》

作者：闫国庆、孙琪、黄锦明、郑蕾娜、闫晗

ISBN：978-7-3025-7103-2

出版日期：2021 年 3 月

出版社：清华大学出版社

（2）《营销管理》

作者：菲利普·科特勒、凯文·莱恩·凯勒、亚历山大·切尔内夫

ISBN：978-7-5217-4221-3

出版日期：2022 年 9 月

出版社：中信出版社

3.参考文献

（1）张兴军.传音控股：深耕"一带一路"聚焦新兴市场[J].中国经济信息，2017（11）.

（2）TA 凭什么成为"非洲手机之王"？ [EB/OL].（2020-10-24）. https://baijiahao. baidu.com/s?id=1681425611302476090&wfr=spider&for=pc.

（3）苹果首次超过三星登顶智能手机年度销冠[EB/OL].（2024-01-16）. https:// baijiahao.baidu.com/s?id=1788242166875938921&wfr=spider&for=pc.

（4）林典驰、张赛男."非洲之王"回归，传音不止于非洲[EB/OL].（2024-02-22）. https://m.21jingji.com/article/20240222/herald/2a68b936e945005f37d5f878c09b8d3b.html.

（5）中国手机 10 年海外混战：死守亚非、强攻欧洲[EB/OL].（2024-02-28）. https:// baijiahao.baidu.com/s?id=1792142397551676217&wfr=spider&for=pc.

（6）陈佳岚.手机市场新格局：三星重夺第一 传音杀入前四[EB/OL].（2024-04-20）. https://baijiahao.baidu.com/s?id=1796795184834521734&wfr=spider&for=pc.

参考文献

[1] 姜彤彤.基于因子分析的高校绩效评价方法及实证研究[J].黑龙江高教研究，2011(3)：39-42.

[2] 武静.市场营销案例教学中的问题及解决方案探讨[J].中国科教创新导刊，2010(11)：27.

[3] 李磊.市场营销案例教学的流程设计[J].商业经济，2010(8)：116-117.

[4] 李源.浅谈国际市场营销学的案例教学[J].济南职业学院学报，2008(8)：58-59.

[5] 董杨琴.对高职院校课堂教学效果评估指标体系的研究[J].教育与职业，2011(5)：164-166.

[6] 杨振东.大学教师教学效果评价因素研究与分析[J].海外英语，2010(2)：164-166.

[7] 付小丹.案例教学法在国际市场营销教学中运用研究[J].现代商贸工业，2010(24)：266-267.

[8] 孟知之.新建本科教师教学评价体系构建的研究与思考[J].中国科教创新导刊，2013(31)：198-200.

[9] 魏小娜，张学敏.深度学习视域下的案例教学：价值功能、标准再构和教学实施[J].教育学报，2023，19(1)：102-111.

[10] 刘彦文，管玲芳.案例教学效果评价指标体系的实证研究[J].管理案例研究与评论，2008(4)：69-75.

[11] 张振乾.案例教学在资本运营课程中的应用研究[J].大学教育，2019(6)：41-43.

[12] 余红剑，桑维泽，郝新颖.高校课堂案例教学评价方法研究[J].宁波职业技术学院学报，2017，21(5)：48-51.

[13] 徐键，金诺.高校课程《管理学》案例教学效果评价研究：以安徽省高校为例[J].湖北开放职业学院学报，2022，35(7)：158-159，164.

[14] 朱小萍.基于第三方评价的课程案例教学效果评价[J].大理学院学报，2014，13(12)：81-84.

[15] 戴琦，全铭.跨国民营企业的国际化经营研究：以华为公司为例[J].投资与创业，2021，32(16)：41-43.

[16] 陶海森，李远航，房俊呈，等.企业国际竞争战略研究：以华为公司为例[J].中国市场，2022(34)：75-77.

[17] 任志宽，苗艺馨.华为参与基础研究的主要模式及经验启示[J].科技创新发展战略研究，2022，6（6）：44-48.

[18] 杜浩月，李玲，郭立甫.中国跨国公司的国际化经营与战略分析：以华为公司为例[J].中国商论，2022（24）：50-52.

[19] 李含扬.华为集团国际化发展探究[J].国际商务财会，2022（8）：69-71.

[20] 李婷，石丹.华为：拼出来的市场和打下来的国际化[J].商学院，2022（8）：51-54.

[21] 傅丽娜，张军，傅航天.中国民营企业国际化战略研究：以华为公司为例[J].商业经济，2022（8）：89-91，117.

[22] 王雪薇.华为的研发国际化战略研究[D].北京：商务部国际贸易经济合作研究院，2021.

[23] 崔颖，王玲.浅析华为技术有限公司的国际化战略[J].全球科技经济瞭望，2019，34（5）：24-32.

[24] 王珏文.华为公司国际化经营战略研究[J].全国流通经济，2018（31）：18-20.

[25] 彭可.华为公司品牌国际化战略研究[D].南昌：江西财经大学，2018.

[26] 尚尔斯.华为国际化经营策略分析[D].长春：吉林大学，2018.

[27] 陶勇.华为国际化熵变史[J].经理人，2017（3）：26-37.

[28] 孙耀吾，蒋文兵.基于技术标准的企业国际化路径选择研究[J].华东经济管理，2013，27（6）：118-122.

[29] 高晓雁.中国民营企业国际化战略与策略[J].理论前沿，2006（2）：20-21.

附 录

案例教学问卷调查表

同学们:

为了解案例教学法在国际贸易相关课程中应用情况,请你们协助配合此次问卷调查。本次调查采用无记名方式,答案无对错,结果仅供研究使用。

请根据自身实际感受对问卷的每个问题给出分数(满分100分),你们认真公正的评分对本次调查至关重要,谢谢。

问题1:教学过程中所使用的案例考核的科学性与合理性如何?

(您给出的分数:_____)

问题2:案例教学课堂效率如何?(您给出的分数:_____)

问题3:通过案例学习后您对本课程相关专业知识掌握程度如何?

(您给出的分数:_____)

问题4:案例教学培养创造能力如何?(您给出的分数:_____)

问题5:案例教学培养分析能力如何?(您给出的分数:_____)

问题6:案例教学培养解决问题的能力如何?(您给出的分数:_____)

问题7:市场营销案例教学启发、调动思维程度如何?

(您给出的分数:_____)

问题8:案例教学培养学生思想政治素养如何?(您给出的分数:_____)

问题9:案例教学提高学生社会需求适应性的程度如何?

(您给出的分数:_____)

问题10:案例教学对您获得实务与行业经验的影响程度如何?

(您给出的分数:_____)

问题11:案例教学对您求知欲激发程度如何?(您给出的分数:_____)

问题12:案例教学对增进您的团队合作与沟通能力影响程度如何?

(您给出的分数:_____)

问题13:案例教学对您培养学习方法影响程度如何?

(您给出的分数:_____)